Kapitel 18: Fazit und Ausblick auf die Zukunft

1.1 Definition und Grundlagen der KI

Künstliche Intelligenz (KI) ist ein weitreichendes Konzept, das sich mit der Schaffung von Systemen beschäftigt, die in der Lage sind, menschenähnliche kognitive Funktionen auszuführen. Dazu gehören Lernen, Problemlösung, Wahrnehmung und Entscheidungsfindung. Die Definition von KI hat sich im Laufe der Jahre weiterentwickelt und umfasst heute sowohl regelbasierte Systeme als auch maschinelles Lernen und neuronale Netzwerke.

Ein zentrales Merkmal der KI ist ihre Fähigkeit zur Selbstverbesserung durch Erfahrung. Dies geschieht häufig über Algorithmen des maschinellen Lernens, bei denen Modelle auf Basis großer Datenmengen trainiert werden. Diese Modelle können Muster erkennen und Vorhersagen treffen, was sie in vielen Anwendungen nützlich macht – von Sprach- und Bilderkennung bis hin zu autonomen Fahrzeugen.

Die Grundlagen der KI lassen sich in verschiedene Teilbereiche unterteilen:

- **Maschinelles Lernen:** Hierbei handelt es sich um Techniken, die es Computern ermöglichen, aus Daten zu lernen und ihre Leistung im Laufe der Zeit zu verbessern.

- **Neuronale Netzwerke:** Inspiriert vom menschlichen Gehirn bestehen diese Systeme aus miteinander verbundenen Knotenpunkten (Neuronen), die Informationen verarbeiten können.

- **Natursprachliche Verarbeitung (NLP):** Dieser Bereich befasst sich mit der Interaktion zwischen Computern und Menschen durch natürliche Sprache.

Künstliche Intelligenz findet bereits Anwendung in zahlreichen Bereichen wie Gesundheitswesen, Finanzdienstleistungen und Kundenservice. Beispielsweise nutzen Unternehmen Chatbots zur Verbesserung des Kundenservices oder Algorithmen zur Betrugserkennung in Finanztransaktionen. Diese praktischen Anwendungen zeigen nicht nur das Potenzial von KI auf, sondern verdeutlichen auch die Notwendigkeit eines verantwortungsvollen Umgangs mit dieser Technologie.

Zusammenfassend lässt sich sagen, dass Künstliche Intelligenz eine Schlüsseltechnologie unserer Zeit darstellt. Ihr Verständnis ist entscheidend für die Gestaltung einer Zukunft, in der Mensch und Maschine zunehmend zusammenarbeiten werden. Die Herausforderungen liegen dabei nicht nur in technischen Aspekten, sondern auch in ethischen Fragestellungen sowie den Auswirkungen auf Arbeitsplätze und Gesellschaft.

1.2 Geschichte der Künstlichen Intelligenz

- Die Geschichte der Künstlichen Intelligenz (KI) ist geprägt von visionären Ideen, technologischen Durchbrüchen und zeitweiligen Rückschlägen. Sie reicht bis in die Antike zurück, als Philosophen wie Aristoteles über das Denken und die Logik nachdachten. Die moderne KI-Forschung begann jedoch erst im 20.
- Jahrhundert, insbesondere in den 1950er Jahren, als Wissenschaftler begannen, Computer zu entwickeln, die menschenähnliche Denkprozesse simulieren konnten.

Ein entscheidender Moment war die Dartmouth-Konferenz im Jahr 1956, die oft als Geburtsstunde der KI angesehen wird. Hier trafen sich führende Denker wie John McCarthy, Marvin Minsky und Claude Shannon, um Konzepte zu diskutieren und Forschungsprojekte zu initiieren. In den folgenden Jahrzehnten wurden erste Programme entwickelt, die einfache Probleme lösen konnten – etwa Schach spielen oder mathematische Gleichungen lösen.

In den 1970er Jahren erlebte die KI eine Phase des Optimismus, gefolgt von einer sogenannten "KI-Winter"-Periode in den 1980er Jahren. Diese Zeit war geprägt von enttäuschten Erwartungen und einem Rückgang der Finanzierung für KI-Projekte. Viele Forscher hatten Schwierigkeiten, komplexe Probleme zu lösen oder realistische Anwendungen zu finden.

Erst mit dem Aufkommen leistungsfähigerer Computer und neuer Algorithmen in den 1990er Jahren erlebte die KI ein Comeback. Insbesondere das maschinelle Lernen gewann an Bedeutung; Algorithmen konnten nun aus großen Datenmengen lernen und Muster erkennen. Ein Meilenstein war der Sieg des IBM-Computers Deep Blue gegen den Schachweltmeister Garry Kasparov im Jahr 1997.

Im neuen Jahrtausend hat sich das Feld rasant weiterentwickelt. Fortschritte in der Rechenleistung sowie neue Ansätze wie neuronale Netzwerke haben dazu geführt, dass KI heute in vielen Bereichen Anwendung findet – von autonomem Fahren bis hin zur medizinischen Diagnostik. Die Entwicklung von Technologien wie Sprachassistenten zeigt eindrucksvoll das Potenzial dieser Disziplin.

Zusammenfassend lässt sich sagen, dass die Geschichte der Künstlichen Intelligenz eine faszinierende Reise durch Innovationen und Herausforderungen darstellt. Sie verdeutlicht nicht nur technologische Fortschritte, sondern auch gesellschaftliche Veränderungen im Umgang mit intelligenten Maschinen.

1.3 Anwendungsgebiete von KI

Die Anwendungsgebiete der Künstlichen Intelligenz (KI) sind vielfältig und durchdringen nahezu alle Lebensbereiche. Diese Technologien revolutionieren nicht nur die Industrie, sondern auch den Alltag der Menschen. Die Integration von KI in verschiedene Sektoren zeigt das enorme Potenzial, das diese Technologien bieten, um Effizienz zu steigern und innovative Lösungen zu entwickeln.

Ein besonders prominentes Anwendungsgebiet ist die **Gesundheitsversorgung**. Hier wird KI eingesetzt, um Diagnosen zu verbessern und personalisierte Behandlungspläne zu erstellen. Algorithmen analysieren medizinische Bilder, wie Röntgen- oder MRT-Scans, um frühzeitig Krankheiten wie Krebs zu erkennen. Ein Beispiel hierfür ist die Verwendung von KI zur Analyse von Hautläsionen, wo Systeme bereits eine Genauigkeit erreicht haben, die mit der von Dermatologen vergleichbar ist.

Im **Verkehrswesen** spielt KI eine entscheidende Rolle bei der Entwicklung autonomer Fahrzeuge. Diese Fahrzeuge nutzen Sensoren und maschinelles Lernen, um ihre Umgebung wahrzunehmen und Entscheidungen in Echtzeit zu treffen. Unternehmen wie Tesla und Waymo arbeiten intensiv an dieser Technologie, die nicht nur den Fahrkomfort erhöhen könnte, sondern auch zur Reduzierung von Verkehrsunfällen beitragen kann.

Ein weiteres bedeutendes Feld ist der **E-Commerce**, wo KI dazu verwendet wird, das Einkaufserlebnis zu personalisieren. Empfehlungsalgorithmen analysieren das Verhalten der Nutzer und schlagen Produkte vor, die ihren Vorlieben entsprechen. Dies führt nicht nur zu einer höheren Kundenzufriedenheit, sondern auch zu einer Steigerung des Umsatzes für Unternehmen.

- **Finanzwesen:** In diesem Bereich optimiert KI Risikobewertungen und Betrugserkennung durch Datenanalyse.
- **Bildung:** Adaptive Lernsysteme passen sich an den Lernfortschritt der Schüler an und bieten maßgeschneiderte Inhalte an.
- **Kundenservice:** Chatbots unterstützen Unternehmen dabei, rund um die Uhr Kundenanfragen effizient zu bearbeiten.

Zusammenfassend lässt sich sagen, dass die Anwendungsgebiete von Künstlicher Intelligenz weitreichend sind und kontinuierlich wachsen. Die fortschreitende Entwicklung dieser Technologien verspricht nicht nur wirtschaftliche Vorteile, sondern auch gesellschaftliche Verbesserungen in vielen Bereichen des Lebens.

2.1 Fortschritte im maschinellen Lernen

Das maschinelle Lernen (ML) hat in den letzten Jahren bemerkenswerte Fortschritte gemacht, die nicht nur die Technologie selbst, sondern auch deren Anwendungen in verschiedenen Branchen revolutioniert haben. Diese Entwicklungen sind entscheidend für das Verständnis der aktuellen Trends in der Künstlichen Intelligenz und deren Integration in den Alltag.

Einer der bedeutendsten Fortschritte im Bereich des maschinellen Lernens ist die Verbesserung von Algorithmen, insbesondere durch den Einsatz von tiefen neuronalen Netzen (Deep Learning). Diese Netzwerke ermöglichen es Maschinen, komplexe Muster und Zusammenhänge in großen Datenmengen zu erkennen. Ein Beispiel hierfür ist die Bild- und Spracherkennung, wo Systeme wie Google Photos oder virtuelle Assistenten wie Siri und Alexa mittlerweile erstaunlich präzise arbeiten.

Ein weiterer wichtiger Aspekt ist die Verfügbarkeit großer Datenmengen und leistungsfähiger Rechenressourcen. Cloud-Computing-Plattformen bieten Unternehmen Zugang zu nahezu unbegrenzter Rechenleistung, was es ihnen ermöglicht, ML-Modelle schneller zu trainieren und zu optimieren. Dies hat zur Entstehung neuer Geschäftsmodelle geführt, bei denen datengetriebene Entscheidungen eine zentrale Rolle spielen.

- **Transferlernen:** Diese Technik ermöglicht es Modellen, Wissen aus einer Domäne auf eine andere zu übertragen, wodurch der Trainingsaufwand erheblich reduziert wird.
- **Erklärbares KI:** Die Entwicklung von Methoden zur Erklärbarkeit von ML-Modellen gewinnt an Bedeutung, um Vertrauen in automatisierte Entscheidungen zu schaffen.
- **Kollaboratives Lernen:** Hierbei lernen Modelle gemeinsam aus dezentralisierten Datenquellen, ohne dass diese zentralisiert werden müssen. Dies fördert Datenschutz und Sicherheit.

Zusammenfassend lässt sich sagen, dass die Fortschritte im maschinellen Lernen nicht nur technologische Innovationen vorantreiben, sondern auch ethische Überlegungen aufwerfen. Die Fähigkeit von Maschinen, eigenständig Entscheidungen zu treffen oder Vorhersagen zu treffen, erfordert ein Umdenken hinsichtlich Verantwortung und Transparenz. In diesem Kontext wird es zunehmend wichtig sein, klare Richtlinien für den Einsatz dieser Technologien zu entwickeln.

2.2 Entwicklungen in der natürlichen Sprachverarbeitung

Die natürliche Sprachverarbeitung (NLP) hat in den letzten Jahren erhebliche Fortschritte gemacht, die nicht nur die Art und Weise, wie Maschinen Sprache verstehen und verarbeiten, revolutioniert haben, sondern auch deren Anwendung in verschiedenen Bereichen des täglichen Lebens. Diese Entwicklungen sind entscheidend für die Interaktion zwischen Mensch und Maschine und tragen zur Schaffung intelligenterer Systeme bei.

Ein bemerkenswerter Trend ist der Einsatz von Transformer-Architekturen, die durch Modelle wie BERT (Bidirectional Encoder Representations from Transformers) und GPT (Generative Pre-trained Transformer) populär wurden. Diese Modelle ermöglichen es Maschinen, den Kontext von Wörtern innerhalb eines Satzes besser zu erfassen, was zu einer signifikanten Verbesserung der Textverständnis- und Generierungsfähigkeiten führt. Beispielsweise kann GPT-3 menschenähnliche Texte generieren, die in vielen Anwendungen von Chatbots bis hin zu kreativen Schreibprojekten eingesetzt werden.

Darüber hinaus hat sich das Konzept des Transferlernens als äußerst wertvoll erwiesen. Hierbei wird ein vortrainiertes Modell auf eine spezifische Aufgabe angepasst, was den Trainingsaufwand erheblich reduziert und gleichzeitig die Leistung verbessert. Dies ist besonders vorteilhaft für Unternehmen mit begrenzten Datenressourcen, da sie so von den umfangreichen Datensätzen profitieren können, mit denen große Modelle ursprünglich trainiert wurden.

Ein weiterer wichtiger Aspekt ist die Entwicklung von mehrsprachigen Modellen. Diese Technologien ermöglichen es Systemen, mehrere Sprachen gleichzeitig zu verarbeiten und zu verstehen. Ein Beispiel hierfür ist das Modell mBERT, das darauf abzielt, Sprachbarrieren abzubauen und eine breitere Zugänglichkeit für Nutzer weltweit zu schaffen.

Schließlich spielt auch die Erklärbarkeit von NLP-Modellen eine zunehmend wichtige Rolle. Da diese Systeme immer komplexer werden, wächst das Bedürfnis nach Transparenz hinsichtlich ihrer Entscheidungsprozesse. Forscher arbeiten an Methoden zur Verbesserung der Nachvollziehbarkeit dieser Modelle, um Vertrauen bei Nutzern aufzubauen und ethische Standards einzuhalten.

Zusammenfassend lässt sich sagen, dass die Entwicklungen in der natürlichen Sprachverarbeitung nicht nur technologische Innovationen fördern, sondern auch neue Herausforderungen im Hinblick auf Ethik und Benutzerfreundlichkeit mit sich bringen. Die Fähigkeit von Maschinen zur Verarbeitung natürlicher Sprache wird weiterhin einen tiefgreifenden Einfluss auf unsere Gesellschaft haben.

2.3 Einsatz von KI in der Bild- und Spracherkennung

Der Einsatz von Künstlicher Intelligenz (KI) in der Bild- und Spracherkennung hat in den letzten Jahren eine bemerkenswerte Entwicklung durchlaufen, die nicht nur technologische Fortschritte, sondern auch tiefgreifende Veränderungen in verschiedenen Branchen mit sich gebracht hat. Diese Technologien ermöglichen es Maschinen, visuelle und akustische Informationen zu analysieren und zu interpretieren, was die Interaktion zwischen Mensch und Maschine revolutioniert.

In der Bildverarbeitung kommen vor allem Convolutional Neural Networks (CNNs) zum Einsatz, die speziell für die Analyse visueller Daten entwickelt wurden. Diese Netzwerke sind in der Lage, Muster und Merkmale aus Bildern zu extrahieren, was Anwendungen wie Gesichtserkennung, medizinische Bilddiagnostik und autonome Fahrzeuge ermöglicht. Ein Beispiel ist das System zur Erkennung von Tumoren in Röntgenbildern, das Radiologen unterstützt und die Diagnosegeschwindigkeit sowie -genauigkeit erhöht.

Ein weiterer bedeutender Bereich ist die Spracherkennung. Hierbei haben sich Deep Learning-Techniken als äußerst effektiv erwiesen. Systeme wie Google Assistant oder Amazons Alexa nutzen fortschrittliche Algorithmen zur Verarbeitung natürlicher Sprache (NLP), um gesprochene Befehle zu verstehen und darauf zu reagieren. Die Integration dieser Technologien in alltägliche Geräte hat nicht nur den Komfort erhöht, sondern auch neue Möglichkeiten für Menschen mit Behinderungen geschaffen.

- **Gesichtserkennung:** Diese Technologie wird zunehmend im Sicherheitsbereich eingesetzt, um Personen zu identifizieren und verdächtige Aktivitäten zu überwachen.
- **Medizinische Diagnosen:** KI-Systeme helfen Ärzten bei der Analyse von bildgebenden Verfahren wie MRTs oder CT-Scans.
- **Smart Home Geräte:** Sprachgesteuerte Systeme ermöglichen eine intuitive Steuerung von Haushaltsgeräten.

Trotz dieser Fortschritte gibt es jedoch auch Herausforderungen im Bereich Datenschutz und ethische Bedenken hinsichtlich des Missbrauchs dieser Technologien. Die Notwendigkeit einer transparenten Regulierung wird immer dringlicher, um sicherzustellen, dass diese leistungsstarken Werkzeuge verantwortungsbewusst eingesetzt werden. Zusammenfassend lässt sich sagen, dass der Einsatz von KI in der Bild- und Spracherkennung nicht nur technische Innovationen fördert, sondern auch neue gesellschaftliche Fragestellungen aufwirft.

3.1 Marktanalysen und Wachstumsprognosen

Die Marktanalysen zur Künstlichen Intelligenz (KI) zeigen eindrucksvoll, wie dynamisch und vielschichtig dieser Sektor ist. Laut aktuellen Berichten wird der globale KI-Markt bis 2028 voraussichtlich ein Volumen von über 500 Milliarden US-Dollar erreichen, was einer jährlichen Wachstumsrate von etwa 40 % entspricht. Diese Zahlen verdeutlichen nicht nur das immense Potenzial von KI-Technologien, sondern auch die Dringlichkeit für Unternehmen, sich in diesem Bereich zu positionieren.

Ein wesentlicher Treiber dieses Wachstums ist die zunehmende Integration von KI in verschiedene Branchen. Insbesondere im Gesundheitswesen, der Automobilindustrie und im Finanzsektor sind signifikante Fortschritte zu verzeichnen. Beispielsweise nutzen Krankenhäuser KI-gestützte Systeme zur Diagnoseunterstützung und zur Optimierung von Behandlungsplänen, während Automobilhersteller auf autonome Fahrtechnologien setzen. Diese Anwendungen zeigen nicht nur Effizienzgewinne auf, sondern auch eine Verbesserung der Qualität der Dienstleistungen.

Darüber hinaus spielt die Verfügbarkeit großer Datenmengen eine entscheidende Rolle für das Wachstum des KI-Marktes. Die Fähigkeit, aus diesen Daten wertvolle Erkenntnisse zu gewinnen, hat Unternehmen dazu veranlasst, verstärkt in KI-Lösungen zu investieren. Laut einer Umfrage gaben über 70 % der befragten Unternehmen an, dass sie planen, ihre Investitionen in KI innerhalb der nächsten zwei Jahre erheblich zu erhöhen.

Ein weiterer Aspekt sind die geopolitischen Faktoren und deren Einfluss auf den Markt. Länder wie China und die USA investieren massiv in Forschung und Entwicklung im Bereich KI, was den globalen Wettbewerb intensiviert. Dies führt dazu, dass europäische Unternehmen gefordert sind, innovative Lösungen zu entwickeln und gleichzeitig ethische Standards einzuhalten.

Zusammenfassend lässt sich sagen, dass die Marktanalysen und Wachstumsprognosen für Künstliche Intelligenz ein Bild von einem schnell wachsenden Sektor zeichnen, der sowohl Herausforderungen als auch Chancen bietet. Unternehmen müssen strategisch agieren und sich kontinuierlich anpassen, um im Wettbewerb bestehen zu können.

3.2 Branchenübergreifende Anwendungen von KI

Die branchenübergreifenden Anwendungen von Künstlicher Intelligenz (KI) sind ein entscheidender Faktor für die Transformation der globalen Wirtschaft. KI-Technologien finden zunehmend Anwendung in verschiedenen Sektoren, was nicht nur die Effizienz steigert, sondern auch neue Geschäftsmodelle und Dienstleistungen ermöglicht. Diese Vielseitigkeit zeigt sich besonders in Bereichen wie dem Gesundheitswesen, der Fertigung, dem Einzelhandel und der Landwirtschaft.

Im Gesundheitswesen revolutioniert KI die Patientenversorgung durch präzisere Diagnosen und personalisierte Behandlungspläne. Beispielsweise nutzen Kliniken maschinelles Lernen zur Analyse medizinischer Bilder, wodurch Krankheiten wie Krebs frühzeitiger erkannt werden können. Zudem ermöglichen KI-gestützte Chatbots eine 24/7-Betreuung von Patienten, was den Zugang zu Informationen und Unterstützung verbessert.

In der Fertigungsindustrie optimieren Unternehmen ihre Produktionsprozesse durch den Einsatz von KI-Algorithmen zur vorausschauenden Wartung. Diese Systeme analysieren Daten von Maschinen in Echtzeit und identifizieren potenzielle Ausfälle, bevor sie auftreten. Dies führt nicht nur zu Kosteneinsparungen, sondern auch zu einer höheren Produktivität und Qualität der Produkte.

Der Einzelhandel profitiert ebenfalls erheblich von KI-Anwendungen. Durch die Analyse von Kundendaten können Unternehmen personalisierte Einkaufserlebnisse schaffen und gezielte Marketingstrategien entwickeln. Empfehlungsalgorithmen, wie sie beispielsweise bei Online-Händlern eingesetzt werden, erhöhen die Verkaufszahlen erheblich, indem sie Kunden relevante Produkte vorschlagen.

In der Landwirtschaft wird KI genutzt, um Ernteerträge zu maximieren und Ressourcen effizienter einzusetzen. Präzisionslandwirtschaftstechniken verwenden Drohnen und Sensoren zur Überwachung des Pflanzenwachstums sowie zur Analyse des Bodenzustands. Dadurch können Landwirte fundierte Entscheidungen treffen und den Einsatz von Düngemitteln oder Wasser optimieren.

Zusammenfassend lässt sich sagen, dass die branchenübergreifenden Anwendungen von Künstlicher Intelligenz nicht nur bestehende Prozesse verbessern, sondern auch innovative Lösungen hervorbringen, die das Potenzial haben, ganze Industrien neu zu definieren. Die fortschreitende Integration dieser Technologien wird weiterhin einen tiefgreifenden Einfluss auf unsere Gesellschaft ausüben.

3.3 Einfluss von KI auf die Arbeitswelt

Der Einfluss von Künstlicher Intelligenz (KI) auf die Arbeitswelt ist ein zentrales Thema in der Diskussion über die Zukunft der Arbeit. KI verändert nicht nur bestehende Arbeitsprozesse, sondern schafft auch neue Berufsfelder und Anforderungen an die Qualifikationen der Arbeitnehmer. Diese Transformation hat weitreichende Implikationen für Unternehmen, Mitarbeiter und die Gesellschaft insgesamt.

Ein wesentlicher Aspekt des Einflusses von KI auf die Arbeitswelt ist die Automatisierung von Routineaufgaben. Viele Tätigkeiten, die zuvor manuell ausgeführt wurden, können nun durch KI-Systeme effizienter erledigt werden. Dies betrifft insbesondere repetitive Aufgaben in Bereichen wie der Datenverarbeitung, dem Kundenservice und der Fertigung. Während dies zu einer Steigerung der Produktivität führt, besteht gleichzeitig das Risiko, dass bestimmte Jobs obsolet werden. Studien zeigen, dass bis zu 30% der heutigen Berufe in den nächsten zwei Jahrzehnten durch Automatisierung gefährdet sind.

Auf der anderen Seite eröffnet KI auch neue Möglichkeiten für kreative und strategische Tätigkeiten. Die Nachfrage nach Fachkräften mit Kenntnissen in Datenanalyse, maschinellem Lernen und KI-Entwicklung wächst rasant. Unternehmen suchen zunehmend nach Mitarbeitern, die in der Lage sind, komplexe Probleme zu lösen und innovative Lösungen zu entwickeln. Dies erfordert eine Anpassung der Bildungs- und Ausbildungsprogramme, um sicherzustellen, dass zukünftige Generationen über die notwendigen Fähigkeiten verfügen.

Ein weiterer wichtiger Punkt ist die Veränderung des Arbeitsplatzes selbst. Mit dem Einsatz von KI-Technologien entstehen flexible Arbeitsmodelle wie Remote-Arbeit oder hybride Arbeitsumgebungen. Diese Veränderungen fördern nicht nur eine bessere Work-Life-Balance für viele Arbeitnehmer, sondern stellen auch neue Herausforderungen hinsichtlich Teamdynamik und Kommunikation dar.

Zusammenfassend lässt sich sagen, dass Künstliche Intelligenz einen tiefgreifenden Einfluss auf die Arbeitswelt ausübt. Sie bringt sowohl Chancen als auch Herausforderungen mit sich: Während einige Jobs verschwinden könnten, entstehen gleichzeitig neue Berufsfelder und Anforderungen an Qualifikationen. Die Fähigkeit zur Anpassung wird entscheidend sein für den Erfolg von Individuen und Organisationen im Zeitalter der KI.

4.1 Unternehmen, die KI revolutioniert haben

In der heutigen Geschäftswelt hat Künstliche Intelligenz (KI) das Potenzial, nicht nur Prozesse zu optimieren, sondern auch ganze Branchen zu transformieren. Unternehmen, die KI erfolgreich implementiert haben, dienen als Vorbilder für Innovation und Effizienz. Diese Fallstudien zeigen auf, wie verschiedene Sektoren von den Möglichkeiten der KI profitieren können.

Ein herausragendes Beispiel ist **Amazon**, das durch den Einsatz von KI in seinen Logistik- und Lieferkettenprozessen eine beispiellose Effizienz erreicht hat. Durch prädiktive Analysen kann Amazon Nachfrageprognosen erstellen und Lagerbestände optimieren, was zu schnelleren Lieferzeiten führt. Zudem nutzt das Unternehmen KI-gestützte Empfehlungen im E-Commerce-Bereich, um personalisierte Einkaufserlebnisse zu schaffen.

Ein weiteres bemerkenswertes Unternehmen ist **Google**, das mit seiner KI-Plattform TensorFlow nicht nur eigene Produkte verbessert hat, sondern auch anderen Entwicklern ermöglicht, innovative Anwendungen zu erstellen. Die Verwendung von maschinellem Lernen in Google Search und Google Photos zeigt eindrucksvoll, wie KI die Benutzererfahrung revolutioniert hat. Die Bildersuche beispielsweise nutzt komplexe Algorithmen zur Bilderkennung und -klassifizierung.

Im Gesundheitswesen hat **IBM Watson** Pionierarbeit geleistet. Watson analysiert große Datenmengen aus medizinischen Studien und Patientenakten, um Ärzten bei Diagnosen und Behandlungsentscheidungen zu helfen. Diese Anwendung von KI verbessert nicht nur die Genauigkeit der Diagnosen, sondern beschleunigt auch den gesamten Entscheidungsprozess im Gesundheitswesen.

Zudem hat **Tesla** durch den Einsatz von KI in seinen autonomen Fahrzeugen einen Paradigmenwechsel in der Automobilindustrie eingeleitet. Die kontinuierliche Verbesserung des Autopilot-Systems zeigt, wie maschinelles Lernen dazu beiträgt, sicherere und effizientere Fahrtechnologien zu entwickeln.

Diese Beispiele verdeutlichen nicht nur die Vielseitigkeit von KI-Anwendungen in verschiedenen Branchen, sondern auch deren transformative Kraft. Unternehmen sind gefordert, sich diesen Technologien anzupassen und sie strategisch einzusetzen, um wettbewerbsfähig zu bleiben.

4.2 Innovative Lösungen durch KI-Anwendungen

Die Implementierung von Künstlicher Intelligenz (KI) hat in den letzten Jahren zu einer Vielzahl innovativer Lösungen geführt, die nicht nur bestehende Prozesse optimieren, sondern auch völlig neue Geschäftsmodelle und Dienstleistungen hervorbringen. Diese Entwicklungen sind besonders relevant in einer Zeit, in der Unternehmen gezwungen sind, sich schnell an veränderte Marktbedingungen anzupassen und gleichzeitig die Effizienz zu steigern.

Ein bemerkenswertes Beispiel für innovative KI-Anwendungen findet sich im Bereich der **Landwirtschaft**. Hier nutzen Landwirte KI-gestützte Systeme zur präzisen Überwachung von Erntebedingungen und zur Vorhersage von Erträgen. Durch den Einsatz von Drohnen und Sensoren können Daten über Bodenfeuchtigkeit, Temperatur und Pflanzenwachstum in Echtzeit erfasst werden. Diese Informationen ermöglichen es Landwirten, ihre Ressourcen effizienter einzusetzen und den Einsatz von Düngemitteln sowie Pestiziden zu minimieren.

Im **E-Commerce** hat die Personalisierung durch KI eine neue Dimension erreicht. Unternehmen wie Zalando verwenden Algorithmen des maschinellen Lernens, um das Kaufverhalten ihrer Kunden zu analysieren und maßgeschneiderte Produktempfehlungen zu generieren. Dies führt nicht nur zu höheren Verkaufszahlen, sondern verbessert auch das Kundenerlebnis erheblich. Die Fähigkeit, individuelle Präferenzen vorherzusagen, ist ein entscheidender Wettbewerbsvorteil in einem gesättigten Markt.

Zudem revolutioniert KI auch den **Kundendienst**. Chatbots und virtuelle Assistenten sind mittlerweile weit verbreitet und bieten rund um die Uhr Unterstützung. Diese Systeme lernen kontinuierlich aus Interaktionen mit Nutzern und verbessern so ihre Antworten im Laufe der Zeit. Unternehmen wie Sephora setzen solche Technologien ein, um ihren Kunden personalisierte Beratung anzubieten – sei es bei der Produktauswahl oder bei Fragen zur Anwendung.

Abschließend lässt sich sagen, dass innovative Lösungen durch KI-Anwendungen nicht nur bestehende Branchen transformieren, sondern auch neue Möglichkeiten schaffen. Die Fähigkeit von Unternehmen, diese Technologien strategisch einzusetzen, wird entscheidend sein für ihren zukünftigen Erfolg in einer zunehmend digitalisierten Welt.

4.3 Effizienzsteigerung durch Automatisierung

Die Effizienzsteigerung durch Automatisierung ist ein zentrales Thema in der Diskussion über die Implementierung von Künstlicher Intelligenz (KI) in Unternehmen. Automatisierung ermöglicht es, repetitive und zeitaufwendige Aufgaben zu optimieren, wodurch Ressourcen geschont und die Produktivität erhöht werden. In einer Zeit, in der Unternehmen ständig unter Druck stehen, ihre Abläufe zu verbessern und Kosten zu senken, wird die Rolle der KI als treibende Kraft hinter diesen Veränderungen immer deutlicher.

Ein herausragendes Beispiel für die Effizienzsteigerung durch Automatisierung findet sich im **Fertigungssektor**. Hier setzen Unternehmen wie Siemens auf intelligente Fertigungssysteme, die mithilfe von KI-Algorithmen Produktionsprozesse analysieren und optimieren. Diese Systeme sind in der Lage, Maschinen automatisch anzupassen und Wartungsbedarf vorherzusagen, was Ausfallzeiten erheblich reduziert. Durch den Einsatz solcher Technologien können Unternehmen nicht nur ihre Produktionskosten senken, sondern auch die Qualität ihrer Produkte steigern.

Im **Büroalltag** zeigt sich ebenfalls das Potenzial der Automatisierung. Softwarelösungen wie Robotic Process Automation (RPA) ermöglichen es Unternehmen, administrative Aufgaben wie Datenverarbeitung oder Rechnungsstellung zu automatisieren. Ein Beispiel hierfür ist das Unternehmen UiPath, das RPA-Tools anbietet, mit denen Mitarbeiter von monotonen Tätigkeiten entlastet werden können. Dies führt nicht nur zu einer höheren Mitarbeiterzufriedenheit, sondern auch zu schnelleren Bearbeitungszeiten und weniger Fehlern.

Zudem spielt die Automatisierung eine entscheidende Rolle im **Kundendienst**. Der Einsatz von KI-gesteuerten Chatbots ermöglicht es Unternehmen wie Vodafone, Anfragen rund um die Uhr effizient zu bearbeiten. Diese Systeme lernen aus Interaktionen mit Kunden und verbessern kontinuierlich ihre Antworten. Dadurch wird nicht nur die Reaktionszeit verkürzt, sondern auch eine konsistente Servicequalität gewährleistet.

Zusammenfassend lässt sich sagen, dass die Effizienzsteigerung durch Automatisierung einen wesentlichen Beitrag zur Wettbewerbsfähigkeit von Unternehmen leistet. Die strategische Implementierung von KI-Technologien kann nicht nur bestehende Prozesse optimieren, sondern auch neue Möglichkeiten zur Wertschöpfung eröffnen.

5.1 Identifikation geeigneter Projekte für den Einsatz von KI

Die Identifikation geeigneter Projekte für den Einsatz von Künstlicher Intelligenz (KI) ist ein entscheidender Schritt, um das volle Potenzial dieser Technologie auszuschöpfen. In einer Zeit, in der Unternehmen und Organisationen zunehmend auf datengetriebene Entscheidungen setzen, ist es wichtig zu verstehen, welche Bereiche am meisten von KI profitieren können. Die Auswahl der richtigen Projekte kann nicht nur die Effizienz steigern, sondern auch innovative Lösungen hervorbringen.

Ein erster Ansatz zur Identifikation geeigneter Projekte besteht darin, die spezifischen Herausforderungen und Bedürfnisse innerhalb einer Organisation zu analysieren. Hierbei sollten folgende Fragen berücksichtigt werden:

- Welche Prozesse sind zeitaufwendig oder fehleranfällig?
- Wo gibt es große Datenmengen, die ungenutzt bleiben?
- In welchen Bereichen könnte eine Automatisierung signifikante Vorteile bringen?

Ein weiteres wichtiges Kriterium ist die Verfügbarkeit von Daten. KI-Modelle benötigen qualitativ hochwertige und umfangreiche Datensätze, um effektiv arbeiten zu können. Daher sollten Organisationen prüfen, ob sie über die notwendigen Daten verfügen oder diese generieren können. Beispielsweise könnten Unternehmen im Gesundheitswesen Patientendaten nutzen, um prädiktive Analysen durchzuführen und personalisierte Behandlungspläne zu entwickeln.

Zudem ist es sinnvoll, sich an bestehenden Best Practices und Fallstudien zu orientieren. Viele Branchen haben bereits erfolgreiche KI-Anwendungen implementiert; das Studium dieser Beispiele kann wertvolle Einblicke geben und Inspiration für eigene Projekte liefern. So hat beispielsweise ein Einzelhandelsunternehmen KI eingesetzt, um das Kaufverhalten seiner Kunden vorherzusagen und gezielte Marketingkampagnen zu entwickeln.

Letztlich sollte auch die Bereitschaft zur Veränderung innerhalb der Organisation berücksichtigt werden. Der Erfolg von KI-Projekten hängt stark von der Akzeptanz der Mitarbeiter ab sowie von der Unterstützung durch das Management. Eine offene Unternehmenskultur, die Innovation fördert und bereit ist, neue Technologien anzunehmen, ist entscheidend für den langfristigen Erfolg.

5.2 Werkzeuge und Plattformen für die Implementierung von KI

Die Auswahl der richtigen Werkzeuge und Plattformen ist entscheidend für den erfolgreichen Einsatz von Künstlicher Intelligenz (KI) in Unternehmen. Diese Technologien ermöglichen es Organisationen, KI-Modelle zu entwickeln, zu trainieren und in bestehende Systeme zu integrieren. In diesem Abschnitt werden verschiedene Kategorien von Werkzeugen und Plattformen vorgestellt, die Unternehmen bei der Implementierung von KI unterstützen können.

Ein zentraler Bereich sind **Cloud-basierte Plattformen**, die eine flexible Infrastruktur bieten. Anbieter wie Amazon Web Services (AWS), Google Cloud AI und Microsoft Azure Machine Learning stellen umfassende Tools zur Verfügung, um Daten zu speichern, Modelle zu trainieren und diese in Anwendungen einzubinden. Diese Plattformen bieten nicht nur Rechenleistung, sondern auch vorgefertigte Algorithmen und APIs, die den Entwicklungsprozess erheblich beschleunigen.

Ein weiterer wichtiger Aspekt sind **Open-Source-Frameworks**. Bibliotheken wie TensorFlow, PyTorch oder Scikit-Learn ermöglichen es Entwicklern, maßgeschneiderte KI-Lösungen zu erstellen. Diese Frameworks bieten eine Vielzahl an Funktionen für maschinelles Lernen und Deep Learning sowie umfangreiche Community-Support-Ressourcen. Die Nutzung von Open Source fördert zudem Innovation durch gemeinschaftliche Entwicklung.

Zudem spielen **No-Code- oder Low-Code-Plattformen** eine zunehmend wichtige Rolle. Tools wie Hugging Face, IBM Watson Studio oder Microsoft AI Lab ermöglichen es auch Nicht-Technikern, KI-Anwendungen ohne tiefgehende Programmierkenntnisse zu entwickeln. Diese Benutzerfreundlichkeit senkt die Eintrittsbarriere für viele Unternehmen und fördert die breite Akzeptanz von KI-Technologien.

Letztlich ist es wichtig, dass Unternehmen nicht nur auf technologische Lösungen setzen, sondern auch Schulungsprogramme implementieren, um ihre Mitarbeiter im Umgang mit diesen Werkzeugen auszubilden. Eine gut informierte Belegschaft kann das volle Potenzial der verfügbaren Technologien ausschöpfen und innovative Ansätze zur Problemlösung entwickeln.

5.3 Best Practices für den erfolgreichen Einsatz von KI

Der erfolgreiche Einsatz von Künstlicher Intelligenz (KI) in Unternehmen erfordert nicht nur die Auswahl geeigneter Technologien, sondern auch die Implementierung bewährter Praktiken. Diese Best Practices helfen dabei, Herausforderungen zu meistern und das volle Potenzial der KI auszuschöpfen.

Ein zentraler Aspekt ist die **Datenqualität**. Die Leistung von KI-Modellen hängt stark von der Qualität der verwendeten Daten ab. Unternehmen sollten sicherstellen, dass ihre Daten vollständig, genau und aktuell sind. Regelmäßige Datenbereinigungen und -aktualisierungen sind unerlässlich, um Verzerrungen zu vermeiden und die Zuverlässigkeit der Ergebnisse zu gewährleisten.

Ein weiterer wichtiger Punkt ist die **Interdisziplinarität**. Der Einsatz von KI erfordert oft Kenntnisse aus verschiedenen Fachbereichen. Daher sollten Unternehmen Teams bilden, die Experten aus IT, Fachabteilungen und Data Science zusammenbringen. Diese interdisziplinären Teams können unterschiedliche Perspektiven einbringen und innovative Lösungen entwickeln.

Zudem ist es entscheidend, eine **klare Strategie** für den Einsatz von KI zu entwickeln. Unternehmen sollten definieren, welche Probleme sie mit KI lösen möchten und welche Ziele sie verfolgen. Eine gut durchdachte Strategie hilft dabei, Ressourcen effizient einzusetzen und den Fokus auf relevante Anwendungsfälle zu legen.

Die **Schulung der Mitarbeiter** spielt ebenfalls eine zentrale Rolle. Um das volle Potenzial von KI-Technologien auszuschöpfen, müssen Mitarbeiter im Umgang mit diesen Tools geschult werden. Fortlaufende Schulungsprogramme fördern nicht nur das Verständnis für KI-Anwendungen, sondern auch die Akzeptanz innerhalb des Unternehmens.

Letztlich sollte eine **ethische Betrachtung** in alle Phasen des KI-Einsatzes integriert werden. Unternehmen müssen sich bewusst sein, wie ihre Technologien eingesetzt werden und welche Auswirkungen sie auf Gesellschaft und Umwelt haben können. Transparente Prozesse sowie regelmäßige Überprüfungen der Algorithmen tragen dazu bei, ethische Standards einzuhalten.

Durch die Beachtung dieser Best Practices können Unternehmen sicherstellen, dass sie Künstliche Intelligenz effektiv nutzen und gleichzeitig Risiken minimieren.

6.1 Prognosen über zukünftige Entwicklungen in der KI

Die Prognosen über zukünftige Entwicklungen in der Künstlichen Intelligenz (KI) sind von entscheidender Bedeutung, da sie nicht nur die technologische Landschaft prägen, sondern auch tiefgreifende Auswirkungen auf Gesellschaft, Wirtschaft und Ethik haben. In den kommenden Jahren wird erwartet, dass KI-Technologien weiter an Relevanz gewinnen und sich in verschiedenen Bereichen wie Gesundheitswesen, Bildung und Automatisierung durchsetzen.

Ein zentraler Aspekt der künftigen Entwicklung ist die Verbesserung der **Interoperabilität** zwischen verschiedenen KI-Systemen. Dies könnte dazu führen, dass unterschiedliche Systeme nahtlos zusammenarbeiten können, was die Effizienz steigert und neue Anwendungsmöglichkeiten eröffnet. Beispielsweise könnten medizinische Diagnosesysteme mit Verwaltungssystemen verknüpft werden, um eine umfassendere Patientenversorgung zu gewährleisten.

Ein weiterer bedeutender Trend ist die **Personalisierung**. Zukünftige KI-Anwendungen werden zunehmend in der Lage sein, individuelle Nutzerpräferenzen zu erkennen und maßgeschneiderte Lösungen anzubieten. Im Bildungsbereich könnte dies bedeuten, dass Lernplattformen personalisierte Lehrpläne erstellen, die auf den spezifischen Bedürfnissen jedes Schülers basieren.

Darüber hinaus wird erwartet, dass ethische Überlegungen bei der Entwicklung von KI eine immer wichtigere Rolle spielen werden. Die Diskussion um Transparenz und Fairness wird intensiver geführt werden müssen. Unternehmen und Entwickler sind gefordert, verantwortungsbewusste Praktiken zu implementieren und sicherzustellen, dass ihre Systeme keine Vorurteile reproduzieren oder verstärken.

Schließlich könnte die Integration von **Künstlicher Intelligenz** in alltägliche Geräte zunehmen. Smart Homes und IoT-Geräte (Internet of Things) könnten durch fortschrittliche KI-Algorithmen intelligenter werden und so das Leben der Menschen erheblich erleichtern. Diese Technologien könnten nicht nur den Komfort erhöhen, sondern auch zur Energieeinsparung beitragen.

Insgesamt zeigen diese Prognosen ein dynamisches Bild der Zukunft von Künstlicher Intelligenz. Die Herausforderungen sind ebenso vielfältig wie die Chancen; es liegt an uns allen, diese Technologien verantwortungsvoll zu gestalten und zu nutzen.

6.2 Potenziale neuer Technologien und Innovationen

Die Potenziale neuer Technologien und Innovationen im Bereich der Künstlichen Intelligenz (KI) sind enorm und bieten weitreichende Möglichkeiten zur Transformation verschiedener Sektoren. Diese Entwicklungen können nicht nur die Effizienz steigern, sondern auch neue Geschäftsmodelle hervorbringen und gesellschaftliche Herausforderungen adressieren.

Ein herausragendes Beispiel für das Potenzial neuer Technologien ist die **Verwendung von KI in der medizinischen Diagnostik**. Durch den Einsatz von maschinellem Lernen können Algorithmen Muster in großen Datenmengen erkennen, die menschlichen Fachkräften möglicherweise entgehen. Dies könnte zu schnelleren und genaueren Diagnosen führen, was insbesondere in Notfallsituationen entscheidend sein kann. Zudem könnten KI-gestützte Systeme personalisierte Behandlungspläne entwickeln, die auf den genetischen Informationen eines Patienten basieren.

Ein weiterer vielversprechender Bereich ist die **Automatisierung von Arbeitsprozessen**. Roboter und intelligente Systeme können repetitive Aufgaben übernehmen, wodurch Mitarbeiter sich auf kreativere und strategischere Tätigkeiten konzentrieren können. In der Fertigungsindustrie beispielsweise ermöglichen fortschrittliche Robotiklösungen eine flexible Produktion, die sich schnell an Marktveränderungen anpassen kann. Dies führt nicht nur zu Kostensenkungen, sondern auch zu einer höheren Produktqualität.

Zudem eröffnet die **Integration von KI in das Internet der Dinge (IoT)**

Schließlich spielt auch die **Kollaboration zwischen Mensch und Maschine** eine zentrale Rolle in der Zukunft der KI-Technologien. Die Entwicklung von Assistenzsystemen, die menschliche Fähigkeiten erweitern, könnte in vielen Bereichen wie Bildung oder Kundenservice Anwendung finden. Diese Systeme lernen aus Interaktionen mit Nutzern und verbessern sich kontinuierlich, was sowohl Effizienz als auch Benutzerzufriedenheit steigert.

Insgesamt zeigen diese Beispiele das immense Potenzial neuer Technologien im Bereich der Künstlichen Intelligenz auf. Die Herausforderung besteht darin, diese Innovationen verantwortungsvoll zu gestalten und sicherzustellen, dass sie zum Wohle aller eingesetzt werden.

6.3 Herausforderungen bei der Weiterentwicklung von KI

Die Weiterentwicklung der Künstlichen Intelligenz (KI) steht vor einer Vielzahl von Herausforderungen, die sowohl technischer als auch ethischer Natur sind. Diese Herausforderungen müssen adressiert werden, um das volle Potenzial von KI-Technologien auszuschöpfen und gleichzeitig negative Auswirkungen zu minimieren.

Eine der zentralen technischen Herausforderungen ist die **Datenverfügbarkeit und -qualität**. KI-Modelle benötigen große Mengen an qualitativ hochwertigen Daten, um effektiv zu lernen und präzise Vorhersagen zu treffen. Oftmals sind diese Daten jedoch unvollständig, verzerrt oder nicht repräsentativ für die Zielpopulation. Dies kann zu fehlerhaften Ergebnissen führen und das Vertrauen in KI-Systeme untergraben.

Ein weiteres bedeutendes Problem ist die **Erklärbarkeit von KI-Modellen**. Viele moderne Algorithmen, insbesondere im Bereich des maschinellen Lernens, funktionieren als „Black Boxes", deren Entscheidungsprozesse für Menschen schwer nachvollziehbar sind. Dies stellt eine Herausforderung dar, insbesondere in sensiblen Bereichen wie dem Gesundheitswesen oder der Strafjustiz, wo Entscheidungen weitreichende Konsequenzen haben können. Die Entwicklung transparenterer Modelle ist daher unerlässlich.

Zudem gibt es erhebliche **ethische Bedenken**, die mit dem Einsatz von KI verbunden sind. Fragen der Privatsphäre, des Datenschutzes und der algorithmischen Voreingenommenheit müssen dringend angegangen werden. Beispielsweise können voreingenommene Trainingsdaten dazu führen, dass KI-Systeme diskriminierende Entscheidungen treffen. Es ist entscheidend, Richtlinien und Standards zu entwickeln, um sicherzustellen, dass KI verantwortungsvoll eingesetzt wird.

Schließlich spielt auch die **Kollaboration zwischen Mensch und Maschine** eine wichtige Rolle bei den Herausforderungen der KI-Entwicklung. Während viele Unternehmen versuchen, Prozesse durch Automatisierung zu optimieren, besteht oft Unsicherheit darüber, wie menschliche Arbeitskräfte in diesen neuen Systemen integriert werden können. Eine ausgewogene Zusammenarbeit zwischen Mensch und Maschine könnte nicht nur Effizienzgewinne bringen, sondern auch neue Arbeitsplätze schaffen.

Insgesamt erfordert die Weiterentwicklung von Künstlicher Intelligenz ein umfassendes Verständnis dieser Herausforderungen sowie einen interdisziplinären Ansatz zur Lösung dieser Probleme. Nur so kann sichergestellt werden, dass KI-Technologien zum Wohle aller entwickelt und eingesetzt werden.

7.1 Verantwortungsvoller Umgang mit Daten und Algorithmen

Der verantwortungsvolle Umgang mit Daten und Algorithmen ist ein zentrales Anliegen in der Entwicklung und Anwendung von Künstlicher Intelligenz (KI). In einer Zeit, in der Daten als das neue Öl betrachtet werden, ist es unerlässlich, dass Unternehmen und Entwickler sich ihrer Verantwortung bewusst sind, die mit der Erhebung, Verarbeitung und Nutzung dieser Daten einhergeht. Ein ethischer Ansatz fördert nicht nur das Vertrauen der Nutzer, sondern trägt auch zur Schaffung nachhaltiger KI-Lösungen bei.

Ein wichtiger Aspekt des verantwortungsvollen Umgangs ist die Transparenz. Nutzer sollten darüber informiert werden, welche Daten gesammelt werden und zu welchem Zweck sie verwendet werden. Dies kann durch klare Datenschutzrichtlinien und verständliche Nutzungsbedingungen erreicht werden. Zudem sollten Unternehmen sicherstellen, dass ihre Algorithmen nachvollziehbar sind. Wenn Entscheidungen von KI-Systemen getroffen werden, sollte es möglich sein zu verstehen, wie diese Entscheidungen zustande kommen.

Ein weiterer kritischer Punkt ist die Fairness in der Datennutzung. Algorithmen können unbeabsichtigte Vorurteile verstärken oder diskriminierende Ergebnisse liefern, wenn sie auf voreingenommenen Datensätzen trainiert werden. Daher müssen Entwickler darauf achten, diverse und repräsentative Datensätze zu verwenden sowie regelmäßig Audits durchzuführen, um sicherzustellen, dass ihre Systeme fair agieren.

- Die Implementierung von Ethik-Boards innerhalb von Unternehmen kann helfen, ethische Fragestellungen frühzeitig zu identifizieren.

- Schulungen für Mitarbeiter über den verantwortungsvollen Umgang mit Daten sind entscheidend für eine bewusste Unternehmenskultur.

- Kollaboration zwischen verschiedenen Stakeholdern – einschließlich Regierungen, NGOs und der Zivilgesellschaft – kann dazu beitragen, Standards für den Umgang mit KI-Daten zu entwickeln.

Letztlich erfordert ein verantwortungsvoller Umgang mit Daten nicht nur technisches Wissen, sondern auch ein tiefes Verständnis für die sozialen Implikationen von KI-Technologien. Die Schaffung eines ethischen Rahmens wird entscheidend sein für die Akzeptanz von KI in der Gesellschaft und deren langfristigen Erfolg.

7.2 Auswirkungen auf Privatsphäre und Sicherheit

Die Auswirkungen von Künstlicher Intelligenz (KI) auf die Privatsphäre und Sicherheit sind von zentraler Bedeutung in der heutigen digitalen Welt. Mit der zunehmenden Verbreitung von KI-Technologien, die große Mengen an persönlichen Daten verarbeiten, stehen sowohl Unternehmen als auch Nutzer vor neuen Herausforderungen. Die Balance zwischen innovativen Anwendungen und dem Schutz individueller Rechte ist entscheidend für das Vertrauen in diese Technologien.

Ein zentrales Problem ist die Erhebung und Verarbeitung personenbezogener Daten. KI-Systeme benötigen oft umfangreiche Datensätze, um effektiv zu funktionieren. Dies kann dazu führen, dass sensible Informationen ohne das Wissen oder die Zustimmung der Betroffenen gesammelt werden. Ein Beispiel hierfür sind Gesichtserkennungstechnologien, die in öffentlichen Räumen eingesetzt werden können, um Personen zu identifizieren, was erhebliche Bedenken hinsichtlich des Datenschutzes aufwirft.

Darüber hinaus besteht das Risiko von Datenlecks und Cyberangriffen. KI-gestützte Systeme sind nicht immun gegen Sicherheitsanfälligkeiten; im Gegenteil, sie können gezielt angegriffen werden, um vertrauliche Informationen zu stehlen oder Systeme zu manipulieren. Solche Vorfälle können nicht nur den Ruf eines Unternehmens schädigen, sondern auch schwerwiegende rechtliche Konsequenzen nach sich ziehen.

Ein weiterer Aspekt betrifft die algorithmische Entscheidungsfindung. Oftmals sind die Kriterien, nach denen Entscheidungen getroffen werden – sei es bei Kreditvergaben oder bei der Strafverfolgung – nicht transparent. Dies kann dazu führen, dass bestimmte Gruppen diskriminiert werden oder ungerechtfertigte negative Folgen erfahren. Die mangelnde Nachvollziehbarkeit dieser Prozesse verstärkt das Gefühl der Unsicherheit bei den Nutzern.

Um diesen Herausforderungen zu begegnen, ist es unerlässlich, klare Richtlinien und Standards für den Umgang mit Daten zu entwickeln. Unternehmen sollten sich verpflichten, Datenschutzmaßnahmen einzuführen und regelmäßig Audits durchzuführen, um sicherzustellen, dass ihre Systeme sicher sind und ethischen Standards entsprechen. Zudem sollte eine offene Kommunikation mit den Nutzern gefördert werden, um deren Vertrauen in KI-Technologien zu stärken.

7.3 Gesellschaftliche Implikationen des Einsatzes von KI

Die gesellschaftlichen Implikationen des Einsatzes von Künstlicher Intelligenz (KI) sind vielschichtig und betreffen nahezu alle Lebensbereiche. Die Integration von KI-Technologien in den Alltag verändert nicht nur die Art und Weise, wie wir arbeiten und kommunizieren, sondern hat auch tiefgreifende Auswirkungen auf soziale Strukturen, wirtschaftliche Modelle und das individuelle Verhalten.

Ein zentrales Anliegen ist die Veränderung der Arbeitswelt. Automatisierung durch KI führt zu einer Effizienzsteigerung, kann jedoch auch zur Verdrängung traditioneller Arbeitsplätze führen. Besonders betroffen sind Berufe, die repetitive Aufgaben beinhalten. Dies erfordert eine Anpassung der Bildungssysteme, um zukünftige Generationen auf neue Berufsfelder vorzubereiten und digitale Kompetenzen zu fördern. Gleichzeitig entstehen neue Jobs im Bereich der KI-Entwicklung und -Wartung, was einen Wandel in den Anforderungen an die Arbeitskräfte mit sich bringt.

Ein weiterer Aspekt betrifft die soziale Ungleichheit. Der Zugang zu KI-Technologien ist oft ungleich verteilt; wohlhabendere Gesellschaftsschichten profitieren stärker von den Vorteilen dieser Technologien als benachteiligte Gruppen. Dies könnte bestehende Ungleichheiten verstärken und zu einem digitalen Graben führen, der den sozialen Zusammenhalt gefährdet. Um dem entgegenzuwirken, sind politische Maßnahmen erforderlich, die sicherstellen, dass alle Bürger Zugang zu Bildung und Technologien haben.

Zudem beeinflusst KI unsere zwischenmenschlichen Beziehungen. Soziale Medien nutzen Algorithmen zur Personalisierung von Inhalten, was dazu führen kann, dass Nutzer in Echokammern gefangen werden – sie sehen vor allem Meinungen und Informationen, die ihre eigenen Überzeugungen bestätigen. Dies kann das gesellschaftliche Klima polarisiert gestalten und den Dialog zwischen verschiedenen Gruppen erschweren.

Schließlich spielt auch die ethische Dimension eine entscheidende Rolle: Die Entscheidungen von KI-Systemen müssen transparent sein und dürfen nicht diskriminierend wirken. Es ist wichtig, dass Entwickler ethische Standards einhalten und Verantwortung für ihre Produkte übernehmen. Nur so kann das Vertrauen der Gesellschaft in diese Technologien gestärkt werden.

8.1 Chancen durch Automatisierung im Arbeitsmarkt

Die Automatisierung, insbesondere durch den Einsatz von Künstlicher Intelligenz (KI), bietet zahlreiche Chancen für den Arbeitsmarkt, die weit über die bloße Effizienzsteigerung hinausgehen. In einer Zeit, in der technologische Innovationen rasant voranschreiten, ist es entscheidend zu verstehen, wie diese Veränderungen nicht nur bestehende Berufe transformieren, sondern auch neue Berufsfelder schaffen können.

Ein zentraler Vorteil der Automatisierung liegt in der Möglichkeit, repetitive und zeitaufwendige Aufgaben zu übernehmen. Dies ermöglicht es den Mitarbeitenden, sich auf kreativere und strategischere Tätigkeiten zu konzentrieren. Beispielsweise können KI-gestützte Systeme in der Datenanalyse eingesetzt werden, um Muster und Trends schneller zu identifizieren als es manuell möglich wäre. Dadurch wird nicht nur die Produktivität gesteigert, sondern auch die Qualität der Entscheidungen verbessert.

Darüber hinaus eröffnet die Automatisierung neue Berufsfelder und Karrieremöglichkeiten. Während einige traditionelle Jobs möglicherweise wegfallen könnten, entstehen gleichzeitig neue Positionen in Bereichen wie Datenwissenschaft, Robotik und KI-Management. Unternehmen suchen zunehmend Fachkräfte mit spezifischen Fähigkeiten zur Implementierung und Wartung automatisierter Systeme. Diese Entwicklung erfordert eine Anpassung der Bildungs- und Ausbildungsprogramme, um sicherzustellen, dass zukünftige Generationen auf die Anforderungen des modernen Arbeitsmarktes vorbereitet sind.

- Erhöhung der Produktivität durch Übernahme repetitiver Aufgaben
- Schaffung neuer Berufe im Bereich Technologie und Datenanalyse
- Möglichkeit zur Spezialisierung auf innovative Technologien

Ein weiterer Aspekt ist die Flexibilisierung des Arbeitsmarktes. Automatisierte Systeme ermöglichen es Unternehmen oft, flexibler auf Marktveränderungen zu reagieren. Dies kann dazu führen, dass mehr Menschen in Teilzeit oder projektbasiert arbeiten können – ein Trend, der besonders bei jüngeren Arbeitnehmern beliebt ist.

Insgesamt zeigt sich: Die Chancen durch Automatisierung im Arbeitsmarkt sind vielfältig und bieten sowohl Unternehmen als auch Arbeitnehmern Potenziale zur Weiterentwicklung und Verbesserung ihrer Tätigkeiten.

8.2 Risiken und Herausforderungen durch Jobverlust

Die Automatisierung bringt nicht nur Chancen, sondern auch erhebliche Risiken mit sich, insbesondere in Bezug auf den Verlust von Arbeitsplätzen. In einer Zeit, in der technologische Fortschritte rasant voranschreiten, ist es entscheidend zu verstehen, wie diese Veränderungen die Beschäftigungslage beeinflussen können. Der Verlust von Arbeitsplätzen kann nicht nur individuelle Existenzen bedrohen, sondern auch weitreichende gesellschaftliche Folgen haben.

Ein zentrales Risiko besteht darin, dass viele traditionelle Berufe durch automatisierte Systeme ersetzt werden könnten. Insbesondere Tätigkeiten, die repetitive Aufgaben beinhalten oder leicht standardisiert werden können, sind gefährdet. Dies betrifft vor allem Branchen wie die Fertigung, den Einzelhandel und sogar einige Dienstleistungssektoren. Die Angst vor Jobverlust führt oft zu einem Gefühl der Unsicherheit unter Arbeitnehmern und kann das allgemeine Wohlbefinden beeinträchtigen.

Darüber hinaus stellt der Übergang zu einer stärker automatisierten Wirtschaft eine Herausforderung für das Bildungssystem dar. Viele Arbeitnehmer sind möglicherweise nicht ausreichend qualifiziert oder vorbereitet auf die neuen Anforderungen des Arbeitsmarktes. Dies könnte zu einer wachsenden Kluft zwischen hochqualifizierten Fachkräften und weniger qualifizierten Arbeitnehmenden führen. Die Notwendigkeit lebenslangen Lernens wird immer dringlicher; jedoch sind nicht alle Menschen in der Lage oder bereit, sich weiterzubilden.

Ein weiteres bedeutendes Risiko ist die potenzielle Zunahme sozialer Ungleichheit. Wenn bestimmte Gruppen – beispielsweise ältere Arbeitnehmer oder solche ohne Zugang zu hochwertiger Bildung – Schwierigkeiten haben, sich an die neuen Gegebenheiten anzupassen, könnte dies bestehende Ungleichheiten verstärken. Eine ungleiche Verteilung von Ressourcen und Chancen könnte langfristig zu sozialen Spannungen führen.

Zusammenfassend lässt sich sagen: Die Risiken und Herausforderungen durch Jobverlust infolge der Automatisierung erfordern ein umfassendes Umdenken in Politik und Gesellschaft. Es bedarf gezielter Maßnahmen zur Unterstützung betroffener Arbeitnehmer sowie zur Förderung von Bildungs- und Weiterbildungsprogrammen, um sicherzustellen, dass niemand im Zuge des technologischen Wandels zurückgelassen wird.

8.3 Soziale Ungleichheiten im Kontext der Automatisierung

Die Automatisierung hat das Potenzial, die gesellschaftliche Struktur grundlegend zu verändern, indem sie bestehende soziale Ungleichheiten verstärkt oder neue schafft. In einer Zeit, in der technologische Innovationen rasant voranschreiten, ist es entscheidend zu analysieren, wie verschiedene Bevölkerungsgruppen von diesen Veränderungen betroffen sind und welche Maßnahmen ergriffen werden können, um eine gerechtere Verteilung von Chancen und Ressourcen zu gewährleisten.

Ein zentrales Problem besteht darin, dass die Automatisierung oft in Branchen Einzug hält, die traditionell niedrigere Löhne zahlen und weniger qualifizierte Arbeitskräfte beschäftigen. Diese Arbeitnehmer sind häufig besonders anfällig für Jobverluste durch automatisierte Systeme. Beispielsweise sind Tätigkeiten im Einzelhandel oder in der Fertigung stark gefährdet. Diejenigen, die bereits am unteren Ende des Einkommensspektrums stehen, haben oft nicht die finanziellen Mittel oder den Zugang zu Bildungseinrichtungen, um sich weiterzubilden oder umzuschulen.

Darüber hinaus zeigt sich eine Kluft zwischen verschiedenen Altersgruppen: Jüngere Arbeitnehmer haben tendenziell bessere Chancen auf dem Arbeitsmarkt, da sie mit neuen Technologien vertrauter sind und flexibler auf Veränderungen reagieren können. Ältere Arbeitnehmer hingegen sehen sich häufig größeren Herausforderungen gegenüber; viele von ihnen haben möglicherweise nicht die Möglichkeit zur Weiterbildung oder fühlen sich unsicher im Umgang mit digitalen Technologien. Dies kann dazu führen, dass ältere Beschäftigte aus dem Arbeitsmarkt gedrängt werden und ihre wirtschaftliche Sicherheit gefährdet ist.

Ein weiterer Aspekt ist die geografische Ungleichheit: In ländlichen Gebieten fehlt oft der Zugang zu modernen Bildungs- und Weiterbildungsangeboten sowie zu stabilen Internetverbindungen. Dies führt dazu, dass Menschen in diesen Regionen benachteiligt werden und weniger Möglichkeiten haben, sich an den Anforderungen eines zunehmend automatisierten Arbeitsmarktes anzupassen.

Um diesen sozialen Ungleichheiten entgegenzuwirken, sind gezielte politische Maßnahmen erforderlich. Dazu gehören Investitionen in Bildungssysteme sowie Programme zur beruflichen Weiterbildung für alle Altersgruppen. Nur so kann gewährleistet werden, dass niemand zurückgelassen wird und alle Bürgerinnen und Bürger von den Vorteilen der Automatisierung profitieren können.

9.1 Zusammenarbeit zwischen Technikern, Ethikern und Sozialwissenschaftlern

Die Entwicklung von Künstlicher Intelligenz (KI) erfordert eine enge Zusammenarbeit zwischen verschiedenen Disziplinen, insbesondere zwischen Technikern, Ethikern und Sozialwissenschaftlern. Diese interdisziplinäre Kooperation ist entscheidend, um die komplexen Herausforderungen zu bewältigen, die mit der Implementierung von KI-Technologien verbunden sind. Techniker bringen das notwendige technische Wissen ein, während Ethiker sicherstellen, dass moralische Standards eingehalten werden und Sozialwissenschaftler die gesellschaftlichen Auswirkungen analysieren.

Ein Beispiel für diese Zusammenarbeit findet sich in der Entwicklung autonomer Fahrzeuge. Techniker arbeiten an den Algorithmen und Sensoren, die für das Fahren ohne menschliches Eingreifen erforderlich sind. Gleichzeitig müssen Ethiker Fragen zur Verantwortung im Falle eines Unfalls klären: Wer haftet? Der Hersteller? Der Softwareentwickler? Die Antworten auf diese Fragen haben weitreichende Implikationen für rechtliche Rahmenbedingungen und gesellschaftliche Akzeptanz.

Sozialwissenschaftler hingegen untersuchen die Auswirkungen solcher Technologien auf das tägliche Leben der Menschen. Sie analysieren beispielsweise, wie sich autonome Fahrzeuge auf den Verkehr auswirken oder welche sozialen Ungleichheiten durch den Zugang zu dieser Technologie entstehen könnten. Diese Erkenntnisse sind unerlässlich, um sicherzustellen, dass KI-Lösungen nicht nur technisch machbar sind, sondern auch sozial verträglich.

Darüber hinaus ist es wichtig, dass alle Beteiligten in einem kontinuierlichen Dialog stehen. Workshops und interdisziplinäre Konferenzen können Plattformen bieten, um Ideen auszutauschen und gemeinsame Lösungen zu entwickeln. Solche Formate fördern nicht nur das Verständnis füreinander, sondern helfen auch dabei, innovative Ansätze zu finden, die sowohl technologische als auch ethische Aspekte berücksichtigen.

Insgesamt zeigt sich: Die Zusammenarbeit zwischen Technikern, Ethikern und Sozialwissenschaftlern ist nicht nur wünschenswert; sie ist notwendig für eine verantwortungsvolle Entwicklung von KI-Technologien. Nur durch diesen integrativen Ansatz kann gewährleistet werden, dass KI zum Wohle der Gesellschaft eingesetzt wird und gleichzeitig potenzielle Risiken minimiert werden.

9.2 Bildung und Schulung im Bereich Künstliche Intelligenz

Die Bildung und Schulung im Bereich Künstliche Intelligenz (KI) sind von entscheidender Bedeutung, um die zukünftige Entwicklung und Implementierung dieser Technologien zu gestalten. Angesichts der rasanten Fortschritte in der KI ist es unerlässlich, dass sowohl Fachkräfte als auch die breite Öffentlichkeit über die Grundlagen, Möglichkeiten und Herausforderungen informiert werden. Eine fundierte Ausbildung kann dazu beitragen, Ängste abzubauen und das Vertrauen in KI-Systeme zu stärken.

Ein zentraler Aspekt der Bildung im Bereich KI ist die Integration interdisziplinärer Ansätze in den Lehrplänen. Studierende sollten nicht nur technische Fähigkeiten erwerben, sondern auch ein Verständnis für ethische Fragestellungen entwickeln. Dies könnte durch Projekte geschehen, bei denen Studierende aus verschiedenen Disziplinen zusammenarbeiten, um Lösungen für reale Probleme zu finden. Beispielsweise könnten Informatik-Studierende mit Sozialwissenschaftlern zusammenarbeiten, um die Auswirkungen von KI auf verschiedene Gesellschaftsgruppen zu analysieren.

Darüber hinaus spielt lebenslanges Lernen eine wesentliche Rolle in der Schulung von Fachkräften. Die Technologie entwickelt sich ständig weiter; daher müssen bestehende Mitarbeiter regelmäßig geschult werden, um mit den neuesten Entwicklungen Schritt halten zu können. Unternehmen sollten Programme zur beruflichen Weiterbildung anbieten, die nicht nur technische Fähigkeiten vermitteln, sondern auch kritisches Denken und Problemlösungsfähigkeiten fördern.

- Online-Kurse: Plattformen wie Coursera oder edX bieten eine Vielzahl von Kursen an, die es Menschen ermöglichen, sich flexibel weiterzubilden.

- Workshops: Praktische Workshops können helfen, theoretisches Wissen anzuwenden und Erfahrungen auszutauschen.

- Interaktive Lernformate: Gamification-Ansätze können das Lernen ansprechender gestalten und komplexe Konzepte verständlicher machen.

Zusammenfassend lässt sich sagen, dass eine umfassende Bildung und Schulung im Bereich Künstliche Intelligenz nicht nur technisches Wissen vermittelt, sondern auch ethische Überlegungen einbezieht. Nur so kann gewährleistet werden, dass zukünftige Generationen verantwortungsbewusst mit diesen Technologien umgehen und deren Potenzial zum Wohle der Gesellschaft nutzen können.

9.3 Innovationsförderung durch interdisziplinäre Teams

Die Förderung von Innovationen durch interdisziplinäre Teams ist ein entscheidender Faktor für den Erfolg in der Entwicklung von Künstlicher Intelligenz (KI). In einer Zeit, in der technologische Fortschritte rasant voranschreiten, ist es unerlässlich, dass Fachleute aus verschiedenen Disziplinen zusammenarbeiten, um kreative Lösungen zu entwickeln und komplexe Probleme zu lösen. Interdisziplinarität ermöglicht es, unterschiedliche Perspektiven und Expertisen zu kombinieren, was die Innovationskraft erheblich steigert.

Ein Beispiel für die Wirksamkeit interdisziplinärer Teams findet sich in der Gesundheitsbranche. Hier arbeiten Informatiker, Mediziner und Ethiker zusammen, um KI-gestützte Diagnosetools zu entwickeln. Diese Zusammenarbeit führt nicht nur zu technologischen Innovationen, sondern auch zu einem besseren Verständnis der ethischen Implikationen solcher Technologien. Indem verschiedene Fachrichtungen ihre Kenntnisse einbringen, können sie sicherstellen, dass die entwickelten Systeme sowohl effektiv als auch verantwortungsbewusst sind.

Darüber hinaus spielt die Diversität innerhalb dieser Teams eine wesentliche Rolle. Unterschiedliche kulturelle Hintergründe und Erfahrungen fördern kreatives Denken und helfen dabei, blinde Flecken zu vermeiden. Studien zeigen, dass heterogene Gruppen tendenziell innovativere Lösungen hervorbringen als homogene Teams. Dies liegt daran, dass Vielfalt neue Ideen anregt und bestehende Denkmuster herausfordert.

Um die Vorteile interdisziplinärer Zusammenarbeit voll auszuschöpfen, sollten Unternehmen gezielte Programme zur Teamentwicklung implementieren. Workshops und gemeinsame Projekte können dazu beitragen, das Vertrauen zwischen den Teammitgliedern aufzubauen und eine offene Kommunikationskultur zu fördern. Zudem sollten Anreize geschaffen werden, um den Austausch zwischen verschiedenen Abteilungen oder Disziplinen zu erleichtern.

Zusammenfassend lässt sich sagen, dass interdisziplinäre Teams einen unverzichtbaren Beitrag zur Innovationsförderung im Bereich Künstliche Intelligenz leisten. Durch die Kombination unterschiedlicher Fachkenntnisse und Perspektiven können diese Teams nicht nur technische Herausforderungen meistern, sondern auch sicherstellen, dass ethische Überlegungen in den Entwicklungsprozess integriert werden.

10.1 Aktuelle gesetzliche Rahmenbedingungen

Die rechtlichen Rahmenbedingungen für den Einsatz von Künstlicher Intelligenz (KI) sind in den letzten Jahren zunehmend komplexer geworden. Angesichts der rasanten Entwicklung dieser Technologien ist es entscheidend, dass Gesetzgeber und Regulierungsbehörden geeignete Maßnahmen ergreifen, um sowohl Innovationen zu fördern als auch die Rechte der Bürger zu schützen.

In Europa wird die Regulierung von KI maßgeblich durch die EU-Verordnung über Künstliche Intelligenz geprägt, die im April 2021 vorgestellt wurde. Diese Verordnung zielt darauf ab, einheitliche Standards für KI-Anwendungen zu schaffen und legt besonderen Wert auf Transparenz, Sicherheit und ethische Grundsätze. Insbesondere werden Anwendungen in Hochrisikobereichen wie Gesundheitswesen, Verkehr und Justiz strengen Anforderungen unterzogen. Unternehmen müssen nachweisen, dass ihre Systeme sicher sind und keine Diskriminierung verursachen.

Ein weiterer wichtiger Aspekt ist der Datenschutz. Die Datenschutz-Grundverordnung (DSGVO) stellt sicher, dass personenbezogene Daten bei der Nutzung von KI geschützt werden. Dies bedeutet, dass Unternehmen beim Einsatz von KI-Systemen zur Datenverarbeitung klare Richtlinien befolgen müssen, um die Privatsphäre der Nutzer zu wahren.

Zusätzlich gibt es nationale Gesetze und Initiativen in verschiedenen Ländern, die spezifische Anforderungen an den Einsatz von KI stellen. In Deutschland beispielsweise hat das Bundesministerium für Wirtschaft und Energie eine Strategie zur Förderung von KI entwickelt, die auch rechtliche Aspekte berücksichtigt. Hierbei wird betont, dass eine Balance zwischen Innovationsförderung und dem Schutz gesellschaftlicher Werte gefunden werden muss.

Die Herausforderungen bei der Schaffung eines effektiven rechtlichen Rahmens liegen nicht nur in der technischen Komplexität von KI-Systemen selbst, sondern auch in der Notwendigkeit einer internationalen Zusammenarbeit. Da viele KI-Anwendungen grenzüberschreitend agieren, ist es unerlässlich, dass Länder zusammenarbeiten und harmonisierte Regelungen entwickeln.

Insgesamt zeigt sich, dass aktuelle gesetzliche Rahmenbedingungen für den Einsatz von KI einen dynamischen Prozess darstellen müssen. Sie sollten flexibel genug sein, um mit den schnellen Entwicklungen Schritt zu halten und gleichzeitig sicherstellen können, dass ethische Standards gewahrt bleiben sowie das Vertrauen der Öffentlichkeit in diese Technologien gefördert wird.

10.2 Internationale Standards für Künstliche Intelligenz

Die Schaffung internationaler Standards für Künstliche Intelligenz (KI) ist von entscheidender Bedeutung, um eine einheitliche und verantwortungsvolle Nutzung dieser Technologien zu gewährleisten. Angesichts der globalen Natur von KI-Anwendungen ist es unerlässlich, dass Länder zusammenarbeiten, um Richtlinien zu entwickeln, die sowohl Innovationen fördern als auch ethische und rechtliche Rahmenbedingungen berücksichtigen.

Ein zentraler Akteur in diesem Bereich ist die **Internationale Organisation für Normung (ISO)**, die an der Entwicklung von Standards arbeitet, die spezifisch auf KI-Technologien abzielen. Diese Standards sollen sicherstellen, dass KI-Systeme transparent, nachvollziehbar und sicher sind. Ein Beispiel hierfür ist der ISO/IEC JTC 1/SC 42 Standard, der sich mit den Grundlagen und Anwendungen von KI befasst und Leitlinien zur Risikobewertung sowie zur Qualitätssicherung bietet.

Darüber hinaus hat die **Organisation für wirtschaftliche Zusammenarbeit und Entwicklung (OECD)** Prinzipien für vertrauenswürdige KI formuliert. Diese Prinzipien betonen Aspekte wie Transparenz, Verantwortlichkeit und Fairness. Die OECD fordert ihre Mitgliedsstaaten auf, diese Prinzipien in nationale Politiken zu integrieren und somit einen globalen Konsens über den verantwortungsvollen Einsatz von KI zu schaffen.

Ein weiterer wichtiger Aspekt sind regionale Initiativen wie die **EU-Verordnung über Künstliche Intelligenz**, die nicht nur europäische Standards setzt, sondern auch als Modell für andere Regionen dienen könnte. Diese Verordnung zielt darauf ab, ein hohes Maß an Sicherheit und Schutz der Grundrechte zu gewährleisten und könnte somit als Grundlage für internationale Vereinbarungen fungieren.

Letztlich erfordert die Etablierung internationaler Standards eine enge Zusammenarbeit zwischen Regierungen, Industrievertretern und Wissenschaftlern. Nur durch einen interdisziplinären Ansatz können wir sicherstellen, dass KI-Technologien nicht nur innovativ sind, sondern auch im Einklang mit gesellschaftlichen Werten stehen. Die Herausforderung besteht darin, einen dynamischen Rahmen zu schaffen, der sich an die rasante Entwicklung der Technologie anpasst und gleichzeitig das Vertrauen der Öffentlichkeit in diese Systeme stärkt.

10.3 Zukünftige Regulierungsansätze

Die Entwicklung zukünftiger Regulierungsansätze für Künstliche Intelligenz (KI) ist von entscheidender Bedeutung, um den Herausforderungen und Chancen dieser Technologie gerecht zu werden. Angesichts der rasanten Fortschritte in der KI-Technologie müssen Regulierungen flexibel und anpassungsfähig gestaltet werden, um sowohl Innovationen zu fördern als auch ethische Standards zu wahren.

Ein vielversprechender Ansatz könnte die Einführung von **lebenszyklusorientierten Regulierungen** sein. Diese würden nicht nur die Entwicklung und Implementierung von KI-Systemen berücksichtigen, sondern auch deren Betrieb und eventualen Rückbau. Ein solcher Ansatz würde sicherstellen, dass Sicherheits- und Ethikstandards während des gesamten Lebenszyklus eines KI-Systems eingehalten werden. Beispielsweise könnten Unternehmen verpflichtet werden, regelmäßige Audits durchzuführen, um die Einhaltung dieser Standards zu überprüfen.

Darüber hinaus könnte eine **adaptive Regulierung**, die sich dynamisch an technologische Entwicklungen anpasst, eine Schlüsselrolle spielen. Hierbei könnten Regulierungsbehörden in enger Zusammenarbeit mit der Industrie arbeiten, um Richtlinien zu entwickeln, die auf realen Erfahrungen basieren. Solche Kooperationen könnten durch Pilotprojekte gefördert werden, bei denen neue Technologien unter kontrollierten Bedingungen getestet werden, bevor sie breiter eingesetzt werden.

Ein weiterer wichtiger Aspekt ist die **Förderung von Transparenz und Nachvollziehbarkeit**. Zukünftige Regulierungen sollten klare Anforderungen an die Dokumentation und Offenlegung von Algorithmen sowie Entscheidungsprozessen stellen. Dies könnte dazu beitragen, das Vertrauen der Öffentlichkeit in KI-Systeme zu stärken und sicherzustellen, dass diese Systeme fair und verantwortungsvoll eingesetzt werden.

Letztlich wird es entscheidend sein, einen globalen Dialog über KI-Regulierung zu führen. Internationale Zusammenarbeit kann helfen, einheitliche Standards zu schaffen und Wettbewerbsverzerrungen zwischen Ländern zu vermeiden. Initiativen wie das OECD-Prinzipien für vertrauenswürdige KI bieten bereits einen Rahmen für solche Diskussionen.

11.1 Benutzerfreundlichkeit in der Gestaltung von AI-Systemen

Die Benutzerfreundlichkeit (Usability) spielt eine entscheidende Rolle bei der Gestaltung von Künstlichen Intelligenz (KI)-Systemen, da sie direkt die Akzeptanz und Effektivität dieser Technologien beeinflusst. In einer Zeit, in der KI zunehmend in alltägliche Anwendungen integriert wird, ist es unerlässlich, dass diese Systeme intuitiv und benutzerfreundlich gestaltet sind. Eine hohe Usability fördert nicht nur die Zufriedenheit der Nutzer, sondern auch deren Vertrauen in die Technologie.

Ein zentrales Element der Benutzerfreundlichkeit ist das Design der Benutzeroberfläche (UI). Diese sollte klar strukturiert und visuell ansprechend sein, um den Nutzern eine einfache Navigation zu ermöglichen. Beispielsweise können KI-gestützte Chatbots durch ein ansprechendes Design und klare Interaktionsmöglichkeiten dazu beitragen, dass Nutzer schnell Antworten auf ihre Fragen erhalten. Ein gutes Beispiel hierfür ist die Verwendung von kontextbezogenen Hilfestellungen oder Tooltips, die den Nutzern während ihrer Interaktion mit dem System Unterstützung bieten.

Darüber hinaus ist es wichtig, dass KI-Systeme personalisierbar sind. Nutzer haben unterschiedliche Bedürfnisse und Vorlieben; daher sollten Systeme so gestaltet werden, dass sie sich an individuelle Anforderungen anpassen lassen. Dies kann durch adaptive Lernalgorithmen erreicht werden, die das Verhalten des Nutzers analysieren und darauf basierend Empfehlungen aussprechen oder Funktionen anpassen.

Ein weiterer Aspekt ist die Transparenz der Entscheidungen von KI-Systemen. Nutzer müssen verstehen können, wie und warum bestimmte Entscheidungen getroffen werden. Dies kann durch erklärbare KI (XAI) gefördert werden, bei der Algorithmen so entwickelt werden, dass sie nachvollziehbare Erklärungen für ihre Ergebnisse liefern. Solche Erklärungen erhöhen das Vertrauen in das System und fördern eine positive Nutzererfahrung.

Zusammenfassend lässt sich sagen, dass die Benutzerfreundlichkeit in der Gestaltung von KI-Systemen nicht nur ein technisches Detail ist, sondern einen wesentlichen Einfluss auf den Erfolg dieser Technologien hat. Durch intuitive Designs, Anpassungsfähigkeit und Transparenz können Entwickler sicherstellen, dass ihre Systeme effektiv genutzt werden und einen echten Mehrwert für die Anwender bieten.

11.2 Psychologische Aspekte der Interaktion mit Maschinen

Die psychologischen Aspekte der Mensch-Maschine-Interaktion sind von entscheidender Bedeutung, da sie das Nutzerverhalten und die Akzeptanz neuer Technologien maßgeblich beeinflussen. In einer Welt, in der Maschinen zunehmend komplexer werden und in unser tägliches Leben integriert sind, ist es wichtig zu verstehen, wie Menschen auf diese Systeme reagieren und welche Faktoren ihre Interaktionen prägen.

Ein zentraler Aspekt ist das Vertrauen der Nutzer in die Technologie. Vertrauen wird oft durch Transparenz und Vorhersehbarkeit gefördert. Wenn Nutzer verstehen, wie ein System funktioniert und welche Entscheidungen es trifft, sind sie eher bereit, sich auf dessen Empfehlungen zu verlassen. Beispielsweise kann ein KI-gestütztes Gesundheitssystem durch klare Erklärungen seiner Diagnosen und Behandlungsvorschläge das Vertrauen der Patienten gewinnen. Studien zeigen, dass eine transparente Kommunikation über die Funktionsweise von Algorithmen das Gefühl der Kontrolle bei den Nutzern erhöht.

Ein weiterer wichtiger Faktor ist die emotionale Reaktion auf Maschinen. Die Gestaltung von Benutzeroberflächen kann erheblichen Einfluss darauf haben, wie Nutzer sich fühlen, während sie mit einem System interagieren. Ein ansprechendes Design kann positive Emotionen hervorrufen und die Benutzerzufriedenheit steigern. Umgekehrt können frustrierende Erfahrungen oder unklare Anweisungen negative Emotionen hervorrufen und dazu führen, dass Nutzer die Technologie ablehnen oder nicht mehr verwenden möchten.

Zusätzlich spielt die Personalisierung eine wesentliche Rolle in der Mensch-Maschine-Interaktion. Systeme, die sich an individuelle Bedürfnisse anpassen können, fördern nicht nur die Zufriedenheit der Nutzer, sondern auch deren Engagement. Adaptive Lernalgorithmen können beispielsweise das Verhalten des Nutzers analysieren und personalisierte Vorschläge unterbreiten, was zu einer stärkeren emotionalen Bindung an das System führt.

Abschließend lässt sich sagen, dass psychologische Aspekte wie Vertrauen, emotionale Reaktionen und Personalisierung entscheidend für den Erfolg von Mensch-Maschine-Interaktionen sind. Entwickler sollten diese Faktoren berücksichtigen, um Systeme zu schaffen, die nicht nur funktional sind, sondern auch eine positive Nutzererfahrung bieten.

11.3 Vertrauen in Künstliche Intelligenz

Das Vertrauen in Künstliche Intelligenz (KI) ist ein zentrales Thema in der Mensch-Maschine-Interaktion, da es entscheidend für die Akzeptanz und Nutzung von KI-Systemen ist. In einer Zeit, in der KI zunehmend in verschiedenen Lebensbereichen integriert wird, ist es unerlässlich zu verstehen, wie Vertrauen aufgebaut und aufrechterhalten werden kann. Vertrauen beeinflusst nicht nur die Interaktion zwischen Mensch und Maschine, sondern auch die Entscheidungsfindung und das Verhalten der Nutzer.

Ein wesentlicher Aspekt des Vertrauens ist die **Transparenz**. Nutzer müssen nachvollziehen können, wie eine KI Entscheidungen trifft. Wenn Algorithmen als „Black Boxes" wahrgenommen werden, kann dies Misstrauen hervorrufen. Studien zeigen, dass Systeme, die ihre Entscheidungsprozesse offenlegen – etwa durch Erklärungen oder Visualisierungen – eher das Vertrauen der Nutzer gewinnen. Ein Beispiel hierfür sind KI-gestützte Finanzberatungssysteme, die ihren Nutzern detaillierte Einblicke in ihre Empfehlungen geben.

Ein weiterer Faktor ist die **Zuverlässigkeit**. Nutzer müssen darauf vertrauen können, dass ein KI-System konsistente und qualitativ hochwertige Ergebnisse liefert. Dies erfordert nicht nur eine sorgfältige Entwicklung und Testung der Algorithmen, sondern auch regelmäßige Updates und Anpassungen basierend auf Nutzerfeedback. Wenn ein System wiederholt fehlerhafte oder ungenaue Informationen liefert, wird das Vertrauen schnell untergraben.

Zusätzlich spielt die **emotionale Bindung** eine Rolle im Vertrauensaufbau. Die Gestaltung von Benutzeroberflächen kann dazu beitragen, positive Emotionen zu fördern und somit das Vertrauen zu stärken. Systeme mit ansprechendem Design und intuitiver Bedienbarkeit schaffen ein Gefühl von Kontrolle und Sicherheit bei den Nutzern. Beispielsweise haben Chatbots mit menschlichen Eigenschaften oft höhere Akzeptanzraten als rein funktionale Systeme.

Abschließend lässt sich sagen, dass Vertrauen in Künstliche Intelligenz multifaktoriell ist und sowohl technische als auch psychologische Dimensionen umfasst. Um das Vertrauen der Nutzer zu gewinnen und langfristig aufrechtzuerhalten, sollten Entwickler diese Aspekte berücksichtigen und transparente sowie benutzerfreundliche Systeme gestalten.

12.1 Transformation traditioneller Geschäftsmodelle

Die Transformation traditioneller Geschäftsmodelle durch Künstliche Intelligenz (KI) ist ein zentrales Thema in der heutigen Wirtschaft. Unternehmen stehen vor der Herausforderung, sich an die dynamischen Veränderungen anzupassen, die durch den Einsatz von KI-Technologien entstehen. Diese Technologien ermöglichen nicht nur eine Effizienzsteigerung, sondern auch die Entwicklung neuer Wertschöpfungsansätze und Dienstleistungen.

Ein Beispiel für diese Transformation findet sich im Einzelhandel. Hier nutzen Unternehmen KI-gestützte Analysen, um das Kaufverhalten ihrer Kunden besser zu verstehen und personalisierte Angebote zu erstellen. Durch Predictive Analytics können Händler Vorhersagen über zukünftige Verkaufszahlen treffen und ihre Lagerbestände entsprechend optimieren. Dies führt nicht nur zu Kostensenkungen, sondern auch zu einer verbesserten Kundenzufriedenheit.

Ein weiteres Beispiel ist die Automobilindustrie, wo KI in der Produktion eingesetzt wird, um Prozesse zu automatisieren und Fehlerquellen zu minimieren. Roboter mit KI-Fähigkeiten übernehmen zunehmend Aufgaben in der Montage und Qualitätssicherung, was die Produktionszeiten verkürzt und die Produktqualität erhöht. Darüber hinaus ermöglicht KI auch die Entwicklung autonomer Fahrzeuge, was das Geschäftsmodell der gesamten Branche revolutioniert.

Die Finanzbranche zeigt ebenfalls eindrucksvoll, wie traditionelle Modelle transformiert werden können. Banken setzen KI ein, um Betrugserkennungssysteme zu verbessern und Risikomanagementprozesse zu optimieren. Algorithmen analysieren Transaktionsdaten in Echtzeit und identifizieren verdächtige Muster schneller als menschliche Analysten es könnten.

Diese Beispiele verdeutlichen, dass die Integration von KI nicht nur eine technologische Herausforderung darstellt, sondern auch tiefgreifende Auswirkungen auf strategische Entscheidungen hat. Unternehmen müssen ihre Geschäftsmodelle neu denken und innovative Ansätze entwickeln, um wettbewerbsfähig zu bleiben. Die Fähigkeit zur Anpassung an diese Veränderungen wird entscheidend sein für den langfristigen Erfolg in einer zunehmend digitalisierten Welt.

12.2 Investitionen in AI-Technologien

Die Investitionen in Künstliche Intelligenz (KI) sind ein entscheidender Faktor für die Wettbewerbsfähigkeit von Unternehmen und Volkswirtschaften im digitalen Zeitalter. Angesichts der rasanten technologischen Entwicklungen und der damit verbundenen Möglichkeiten sehen sich Unternehmen gezwungen, erhebliche Mittel in KI-Technologien zu investieren, um ihre Prozesse zu optimieren, innovative Produkte zu entwickeln und letztlich ihre Marktposition zu stärken.

Ein wesentlicher Aspekt dieser Investitionen ist die Notwendigkeit, nicht nur in Hardware und Software zu investieren, sondern auch in die Ausbildung von Fachkräften. Die Implementierung von KI erfordert spezifisches Wissen und Fähigkeiten, die oft nicht ausreichend vorhanden sind. Daher setzen viele Unternehmen auf Schulungsprogramme oder Kooperationen mit Hochschulen, um sicherzustellen, dass ihre Mitarbeiter über das notwendige Know-how verfügen.

Darüber hinaus spielt die Forschung eine zentrale Rolle bei den Investitionen in KI-Technologien. Unternehmen investieren zunehmend in Forschungs- und Entwicklungsabteilungen oder arbeiten mit Start-ups zusammen, um innovative Lösungen zu entwickeln. Diese Partnerschaften ermöglichen es großen Firmen, von agilen Start-ups zu lernen und neue Ideen schnell umzusetzen. Ein Beispiel hierfür ist die Zusammenarbeit zwischen Automobilherstellern und Technologieunternehmen zur Entwicklung autonomer Fahrsysteme.

Ein weiterer wichtiger Punkt ist die Finanzierung dieser Technologien. Venture-Capital-Firmen haben ein wachsendes Interesse an KI-Start-ups gezeigt, was dazu führt, dass mehr Kapital für vielversprechende Projekte zur Verfügung steht. Diese Finanzierungsströme fördern nicht nur Innovationen im Bereich der Künstlichen Intelligenz, sondern tragen auch zur Schaffung neuer Arbeitsplätze bei.

Schließlich müssen Unternehmen auch strategisch abwägen, wie sie ihre Investitionen priorisieren. Während einige Bereiche wie Gesundheitswesen oder Finanzdienstleistungen bereits stark durch KI transformiert werden, gibt es andere Sektoren mit ungenutztem Potenzial. Eine kluge Investitionsstrategie kann entscheidend sein für den langfristigen Erfolg eines Unternehmens im Wettbewerb um technologische Führerschaft.

12.3 Wettbewerbsfähigkeit durch innovative Ansätze

Die Wettbewerbsfähigkeit von Unternehmen im digitalen Zeitalter hängt zunehmend von ihrer Fähigkeit ab, innovative Ansätze zu entwickeln und umzusetzen. Künstliche Intelligenz (KI) spielt dabei eine zentrale Rolle, da sie nicht nur bestehende Prozesse optimiert, sondern auch neue Geschäftsmodelle und Dienstleistungen ermöglicht. Unternehmen, die KI strategisch einsetzen, können sich entscheidende Vorteile gegenüber ihren Mitbewerbern verschaffen.

Ein innovativer Ansatz zur Steigerung der Wettbewerbsfähigkeit ist die Nutzung von KI zur Personalisierung von Produkten und Dienstleistungen. Durch die Analyse großer Datenmengen können Unternehmen individuelle Kundenbedürfnisse besser verstehen und maßgeschneiderte Angebote erstellen. Ein Beispiel hierfür ist der Einsatz von KI in der E-Commerce-Branche, wo Algorithmen das Kaufverhalten analysieren und personalisierte Produktempfehlungen aussprechen. Dies führt nicht nur zu einer höheren Kundenzufriedenheit, sondern auch zu einer gesteigerten Loyalität.

Darüber hinaus eröffnet die Implementierung von KI in der Produktentwicklung neue Möglichkeiten für Innovationen. Unternehmen können durch den Einsatz von maschinellem Lernen schneller Prototypen erstellen und testen. Dies verkürzt die Entwicklungszeiten erheblich und ermöglicht es Firmen, schneller auf Marktveränderungen zu reagieren. Ein Beispiel sind Automobilhersteller, die KI nutzen, um autonomes Fahren zu entwickeln; hier werden Simulationen verwendet, um verschiedene Szenarien effizienter zu testen.

Ein weiterer innovativer Ansatz ist die Schaffung offener Innovationsplattformen, auf denen Unternehmen mit Start-ups und Forschungseinrichtungen zusammenarbeiten können. Diese Plattformen fördern den Wissensaustausch und ermöglichen es Unternehmen, schnell auf neue Technologien zuzugreifen. Solche Kooperationen sind besonders wertvoll in dynamischen Märkten wie der Technologie- oder Gesundheitsbranche, wo schnelle Anpassungsfähigkeit entscheidend ist.

Zusammenfassend lässt sich sagen, dass innovative Ansätze zur Nutzung von Künstlicher Intelligenz nicht nur die Effizienz steigern, sondern auch neue Geschäftsmöglichkeiten eröffnen können. Unternehmen müssen bereit sein, ihre Strategien kontinuierlich anzupassen und in kreative Lösungen zu investieren, um im globalen Wettbewerb erfolgreich zu bleiben.

13.1 Notwendigkeit neuer Lehrpläne

Im Kontext der fortschreitenden Digitalisierung und der Integration von Künstlicher Intelligenz (KI) in nahezu alle Lebensbereiche wird die Notwendigkeit neuer Lehrpläne immer deutlicher. Traditionelle Bildungssysteme, die oft auf statischen Wissensvermittlung basieren, sind nicht mehr ausreichend, um den Anforderungen einer dynamischen und technologiegetriebenen Welt gerecht zu werden. Die Anpassung der Lehrpläne ist entscheidend, um Schüler und Studierende auf die Herausforderungen und Chancen vorzubereiten, die mit dem Einsatz von KI verbunden sind.

Ein zentraler Aspekt dieser neuen Lehrpläne sollte die Vermittlung von Kompetenzen im Umgang mit KI-Technologien sein. Dazu gehört nicht nur das Verständnis für grundlegende Konzepte der KI, sondern auch praktische Fähigkeiten in der Anwendung dieser Technologien. Beispielsweise könnten Fächer wie Informatik oder Mathematik durch Module ergänzt werden, die sich mit maschinellem Lernen oder Datenanalyse befassen. Solche Inhalte fördern nicht nur technisches Wissen, sondern auch kritisches Denken und Problemlösungsfähigkeiten.

Darüber hinaus ist es wichtig, ethische Fragestellungen im Zusammenhang mit KI in den Unterricht zu integrieren. Die Diskussion über Datenschutz, algorithmische Vorurteile und die Auswirkungen von Automatisierung auf den Arbeitsmarkt sollte Teil des Curriculums sein. Dies ermöglicht es den Lernenden, ein Bewusstsein für die gesellschaftlichen Implikationen ihrer Entscheidungen zu entwickeln und verantwortungsbewusste Akteure in einer zunehmend digitalisierten Welt zu werden.

Ein weiterer Punkt ist die Förderung interdisziplinärer Ansätze im Bildungswesen. Die Kombination von Fächern wie Kunst, Sozialwissenschaften und Naturwissenschaften kann dazu beitragen, kreative Lösungen für komplexe Probleme zu finden. Projekte, bei denen Schüler aus verschiedenen Fachrichtungen zusammenarbeiten müssen, um KI-Anwendungen zu entwickeln oder deren Auswirkungen zu analysieren, können das Lernen bereichern und praxisnahe Erfahrungen bieten.

- Zusammenfassend lässt sich sagen, dass neue Lehrpläne notwendig sind, um eine zukunftsorientierte Bildung zu gewährleisten. Sie sollten darauf abzielen, sowohl technische als auch soziale Kompetenzen zu fördern und damit eine Generation hervorzubringen, die bereit ist für die Herausforderungen des 21.
- Jahrhunderts.

13.2 Lebenslanges Lernen als Schlüssel zum Erfolg

Im Zeitalter der Künstlichen Intelligenz (KI) und der rasanten technologischen Entwicklungen wird lebenslanges Lernen zu einem unverzichtbaren Bestandteil des persönlichen und beruflichen Erfolgs. Die Fähigkeit, sich kontinuierlich neues Wissen anzueignen und bestehende Fähigkeiten zu erweitern, ist entscheidend, um in einer dynamischen Arbeitswelt wettbewerbsfähig zu bleiben.

Lebenslanges Lernen fördert nicht nur die individuelle Anpassungsfähigkeit, sondern auch die Innovationskraft von Unternehmen. In einer Zeit, in der Technologien wie KI und Automatisierung traditionelle Arbeitsplätze verändern oder gar obsolet machen können, müssen Arbeitnehmer bereit sein, sich neuen Herausforderungen zu stellen. Dies erfordert eine proaktive Haltung gegenüber Weiterbildung und persönliche Entwicklung.

Ein Beispiel für die Bedeutung des lebenslangen Lernens zeigt sich in der IT-Branche. Hier sind Fachkräfte gefordert, ständig neue Programmiersprachen oder Software-Tools zu erlernen, um mit den neuesten Entwicklungen Schritt halten zu können. Unternehmen investieren zunehmend in Schulungsprogramme und Workshops, um ihre Mitarbeiter auf dem neuesten Stand zu halten. Diese Investitionen zahlen sich aus: Gut ausgebildete Mitarbeiter tragen zur Steigerung der Produktivität und Wettbewerbsfähigkeit bei.

Darüber hinaus spielt lebenslanges Lernen eine zentrale Rolle bei der Förderung von Soft Skills wie kritischem Denken, Kreativität und Teamarbeit. Diese Fähigkeiten sind besonders wichtig in interdisziplinären Teams, wo unterschiedliche Perspektiven zusammenkommen müssen, um innovative Lösungen zu entwickeln. Durch regelmäßige Fortbildung können Individuen ihre sozialen Kompetenzen stärken und somit effektiver im Team arbeiten.

Die Integration von Online-Lernplattformen hat das lebenslange Lernen revolutioniert. Flexibles Lernen ermöglicht es Menschen jeden Alters, jederzeit auf Ressourcen zuzugreifen und ihr Wissen entsprechend ihren individuellen Bedürfnissen auszubauen. Diese Form des Lernens ist nicht nur zeitsparend, sondern auch kosteneffizient.

Zusammenfassend lässt sich sagen, dass lebenslanges Lernen nicht nur ein persönlicher Vorteil ist; es ist ein Schlüssel zum Erfolg in einer zunehmend komplexen Welt. Die Bereitschaft zur ständigen Weiterbildung wird entscheidend dafür sein, wie gut Individuen und Organisationen die Herausforderungen der Zukunft meistern können.

13.3 Rolle akademischer Institutionen bei der Ausbildung

Akademische Institutionen spielen eine entscheidende Rolle in der Ausbildung von Fachkräften im Zeitalter der Künstlichen Intelligenz (KI). Sie sind nicht nur für die Vermittlung von Wissen verantwortlich, sondern auch für die Entwicklung von Fähigkeiten, die es den Studierenden ermöglichen, sich in einer sich schnell verändernden Arbeitswelt zurechtzufinden. Die Integration von KI in Lehrpläne und Forschungsprojekte ist dabei ein zentraler Aspekt.

Ein wesentlicher Beitrag akademischer Institutionen besteht darin, interdisziplinäre Studiengänge zu fördern, die technologische und soziale Aspekte miteinander verbinden. Programme, die beispielsweise Informatik mit Ethik oder Wirtschaft kombinieren, bereiten Studierende darauf vor, komplexe Probleme zu lösen und innovative Lösungen zu entwickeln. Diese Ansätze sind besonders wichtig, da sie den Studierenden helfen, kritisch über die Auswirkungen ihrer Arbeit nachzudenken und verantwortungsbewusste Entscheidungen zu treffen.

Darüber hinaus müssen Hochschulen ihre Lehrmethoden anpassen. Traditionelle Vorlesungen werden zunehmend durch interaktive Formate ersetzt, die auf praktisches Lernen setzen. Projekte, Fallstudien und simulationsbasierte Lernumgebungen ermöglichen es den Studierenden, theoretisches Wissen in realistischen Szenarien anzuwenden. Solche Erfahrungen sind unerlässlich für das Verständnis der Funktionsweise von KI-Systemen und deren Anwendung in verschiedenen Branchen.

Die Zusammenarbeit zwischen akademischen Institutionen und Unternehmen ist ein weiterer wichtiger Aspekt. Praktika und Co-Op-Programme bieten den Studierenden wertvolle Einblicke in die Praxis und ermöglichen es ihnen, ihr Wissen direkt anzuwenden. Diese Partnerschaften fördern nicht nur das Lernen im Klassenzimmer, sondern tragen auch zur Innovationskraft der Unternehmen bei.

Schließlich sollten akademische Institutionen auch eine Kultur des lebenslangen Lernens fördern. Durch Weiterbildungsangebote und Online-Kurse können sie sicherstellen, dass Absolventen auch nach ihrem Abschluss Zugang zu aktuellen Informationen haben und ihre Fähigkeiten kontinuierlich erweitern können. Dies ist besonders relevant in einem Umfeld, das durch rasante technologische Veränderungen geprägt ist.

14.1 Generative Kunstwerke durch Algorithmen

Generative Kunstwerke, die durch Algorithmen erschaffen werden, stellen eine faszinierende Schnittstelle zwischen Technologie und Kreativität dar. Diese Form der Kunst nutzt mathematische Modelle und Programmierung, um visuelle oder auditive Erlebnisse zu schaffen, die oft unvorhersehbar und einzigartig sind. Die Bedeutung dieser Kunstform liegt nicht nur in ihrer Ästhetik, sondern auch in der Art und Weise, wie sie den kreativen Prozess neu definiert.

Ein zentrales Merkmal generativer Kunst ist die Interaktivität. Künstler können Algorithmen so gestalten, dass sie auf Eingaben von Betrachtern reagieren oder sich im Laufe der Zeit verändern. Dies führt zu dynamischen Werken, die nicht statisch sind, sondern sich ständig weiterentwickeln. Ein Beispiel hierfür ist das Werk "AARON", ein Algorithmus von Harold Cohen, der eigenständig Bilder erstellt und dabei verschiedene Stile und Techniken anwendet.

Die Verwendung von Künstlicher Intelligenz in der generativen Kunst hat zudem neue Dimensionen eröffnet. KI-Modelle wie GANs (Generative Adversarial Networks) ermöglichen es Künstlern, komplexe Muster und Strukturen zu erzeugen, die menschliche Kreativität herausfordern. Diese Technologien können nicht nur bestehende Stile imitieren, sondern auch völlig neue visuelle Sprachen entwickeln. Ein bemerkenswertes Beispiel ist das Projekt "DeepArt", bei dem Fotos in den Stil berühmter Maler transformiert werden.

Ein weiterer Aspekt ist die Demokratisierung des kreativen Prozesses. Mit zugänglichen Tools und Plattformen können auch Laien ohne tiefgehende Programmierkenntnisse generative Kunstwerke erstellen. Dies fördert eine breitere Beteiligung an künstlerischen Praktiken und ermöglicht es einer Vielzahl von Stimmen, sich auszudrücken.

Abschließend lässt sich sagen, dass generative Kunstwerke durch Algorithmen nicht nur innovative ästhetische Erfahrungen bieten, sondern auch grundlegende Fragen zur Rolle des Künstlers im digitalen Zeitalter aufwerfen. Sie laden uns ein, über Authorship nachzudenken und darüber, was es bedeutet, kreativ zu sein in einer Welt zunehmend dominierter von Maschinen.

14.2 Musikkomposition mit Hilfe von AI

Die Musikkomposition durch Künstliche Intelligenz (KI) hat in den letzten Jahren an Bedeutung gewonnen und stellt eine spannende Entwicklung im Bereich der kreativen Kunst dar. Diese Technologie ermöglicht es Komponisten, neue Klanglandschaften zu erkunden und innovative musikalische Strukturen zu schaffen, die zuvor unvorstellbar waren. KI-gestützte Systeme können nicht nur bestehende Musikstile analysieren, sondern auch eigenständig neue Kompositionen generieren, was die Grenzen der traditionellen Musikproduktion erweitert.

Ein bemerkenswertes Beispiel für KI in der Musik ist das System "AIVA" (Artificial Intelligence Virtual Artist), das speziell zur Erstellung von Originalmusik entwickelt wurde. AIVA nutzt maschinelles Lernen, um aus einer Vielzahl von Musikstücken zu lernen und darauf basierend eigene Kompositionen zu erstellen. Die Ergebnisse sind oft beeindruckend und zeigen ein tiefes Verständnis für Harmonie, Melodie und Rhythmus. Solche Systeme bieten nicht nur eine Unterstützung für professionelle Komponisten, sondern eröffnen auch Amateuren die Möglichkeit, ihre musikalischen Ideen schnell umzusetzen.

Ein weiterer wichtiger Aspekt ist die Interaktivität zwischen Mensch und Maschine. Musiker können KI-Tools nutzen, um kreative Impulse zu erhalten oder um Inspiration für neue Werke zu finden. Diese Zusammenarbeit kann als eine Art Dialog betrachtet werden, bei dem der Mensch die Richtung vorgibt und die KI Vorschläge unterbreitet oder Variationen erstellt. Dies fördert einen dynamischen kreativen Prozess, der sowohl technologische als auch künstlerische Fähigkeiten erfordert.

Darüber hinaus wirft die Verwendung von KI in der Musikkomposition grundlegende Fragen zur Urheberschaft auf. Wer ist der wahre Schöpfer eines Stücks – der Mensch oder die Maschine? Diese Debatte führt dazu, dass Künstler über ihre Rolle im kreativen Prozess nachdenken müssen und darüber, wie sie Technologie als Werkzeug nutzen können, ohne ihre eigene künstlerische Identität zu verlieren.

Zusammenfassend lässt sich sagen, dass die Integration von Künstlicher Intelligenz in die Musikkomposition nicht nur neue kreative Möglichkeiten eröffnet, sondern auch tiefgreifende Überlegungen zur Natur des Schaffens anstößt. Die Zukunft der Musik könnte somit eine Synthese aus menschlicher Kreativität und maschineller Intelligenz darstellen.

14.3 Grenzen zwischen menschlicher Kreativität und Maschinenkunst

Die Auseinandersetzung mit den Grenzen zwischen menschlicher Kreativität und Maschinenkunst ist ein zentrales Thema in der Diskussion um Künstliche Intelligenz (KI) in der Kunst. Während KI-Systeme beeindruckende Ergebnisse in der Musikkomposition, Malerei und Literatur erzielen, bleibt die Frage, ob diese Werke tatsächlich als "kreativ" im menschlichen Sinne betrachtet werden können. Die Unterscheidung zwischen dem schöpferischen Prozess des Menschen und den algorithmisch generierten Ergebnissen von Maschinen wirft grundlegende philosophische und ethische Fragen auf.

Einer der Hauptunterschiede liegt in der Absicht hinter dem kreativen Schaffen. Menschliche Künstler bringen persönliche Erfahrungen, Emotionen und kulturelle Kontexte in ihre Werke ein. Diese subjektiven Elemente sind oft entscheidend für die Interpretation eines Kunstwerks. Im Gegensatz dazu operieren KI-Modelle auf Basis von Datenanalysen und Mustern, ohne ein echtes Verständnis oder eine emotionale Verbindung zu den Inhalten zu haben, die sie erzeugen. Dies führt zu einer Debatte darüber, ob maschinell erzeugte Kunstwerke wirklich als Ausdruck von Kreativität angesehen werden können oder ob sie lediglich das Ergebnis komplexer Berechnungen sind.

Ein weiteres wichtiges Element ist die Originalität. Menschliche Künstler streben oft danach, etwas Einzigartiges zu schaffen, das ihre individuelle Perspektive widerspiegelt. KI hingegen kann bestehende Stile imitieren oder kombinieren, was zwar innovative Ergebnisse hervorbringen kann, jedoch auch Fragen zur Urheberschaft aufwirft. Wer ist der wahre Schöpfer eines KI-generierten Werkes? Der Programmierer des Algorithmus oder die Maschine selbst? Diese Überlegungen führen zu einem neuen Verständnis von Kreativität im digitalen Zeitalter.

Zusätzlich gibt es technische Einschränkungen: Während KI große Datenmengen verarbeiten kann, fehlt ihr das intuitive Gespür für Ästhetik und kulturelle Nuancen, die oft entscheidend für künstlerische Wertschätzung sind. Die Herausforderung besteht darin, eine Balance zwischen menschlicher Intuition und maschineller Effizienz zu finden – eine Synthese aus beiden könnte neue kreative Horizonte eröffnen.

Insgesamt zeigt sich, dass die Grenzen zwischen menschlicher Kreativität und Maschinenkunst nicht klar definiert sind. Vielmehr handelt es sich um ein dynamisches Spannungsfeld, das sowohl Chancen als auch Herausforderungen birgt und uns zwingt, unsere Vorstellungen von Kunst neu zu überdenken.

15.1 Diagnostikverbesserungen durch maschinelles Lernen

Die Integration von maschinellem Lernen in die medizinische Diagnostik hat das Potenzial, die Genauigkeit und Effizienz erheblich zu steigern. Durch den Einsatz komplexer Algorithmen können große Datenmengen analysiert werden, um Muster zu erkennen, die für das menschliche Auge oft unsichtbar bleiben. Dies ist besonders relevant in Bereichen wie der Radiologie, der Pathologie und der Genomik, wo präzise Diagnosen entscheidend sind.

Ein bemerkenswertes Beispiel für diese Technologie ist die Anwendung von KI in der Bilddiagnostik. Hierbei werden Algorithmen trainiert, um Röntgenbilder oder MRT-Scans zu analysieren und Anomalien wie Tumore oder Frakturen zu identifizieren. Studien haben gezeigt, dass KI-Systeme in einigen Fällen eine höhere Genauigkeit als erfahrene Radiologen erreichen können. Diese Systeme lernen kontinuierlich aus neuen Daten und verbessern sich somit mit jeder Analyse.

Darüber hinaus ermöglicht maschinelles Lernen auch eine personalisierte Medizin. Durch die Analyse genetischer Informationen können Ärzte maßgeschneiderte Behandlungspläne entwickeln, die auf den spezifischen Bedürfnissen des Patienten basieren. Dies führt nicht nur zu besseren Behandlungsergebnissen, sondern reduziert auch potenzielle Nebenwirkungen durch weniger geeignete Therapien.

- **Früherkennung:** KI kann helfen, Krankheiten in einem früheren Stadium zu erkennen, was oft entscheidend für den Behandlungserfolg ist.

- **Datenintegration:** Die Fähigkeit von KI-Systemen, verschiedene Datenquellen zusammenzuführen – von klinischen Aufzeichnungen bis hin zu Labordaten – verbessert die diagnostische Genauigkeit.

- **Kosteneffizienz:** Automatisierte Prozesse reduzieren den Zeitaufwand für Diagnosen und senken somit die Kosten im Gesundheitswesen.

Trotz dieser Fortschritte gibt es Herausforderungen bei der Implementierung von KI in der Diagnostik. Datenschutzbedenken sowie ethische Fragen zur Verantwortung bei Fehlentscheidungen müssen adressiert werden. Dennoch zeigt sich ein klarer Trend: Die Zukunft der medizinischen Diagnostik wird zunehmend durch maschinelles Lernen geprägt sein, was sowohl Chancen als auch Herausforderungen mit sich bringt.

15.2 Personalisierte Medizin dank Datenanalyse

Die personalisierte Medizin stellt einen Paradigmenwechsel in der Gesundheitsversorgung dar, indem sie individuelle genetische, biometrische und umweltbedingte Faktoren berücksichtigt, um maßgeschneiderte Behandlungsansätze zu entwickeln. Die Rolle der Datenanalyse ist hierbei von zentraler Bedeutung, da sie es ermöglicht, große Mengen an Patientendaten effizient zu verarbeiten und wertvolle Erkenntnisse zu gewinnen.

Ein entscheidender Aspekt der personalisierten Medizin ist die genomische Analyse. Durch die Sequenzierung des Genoms eines Patienten können Ärzte spezifische genetische Variationen identifizieren, die das Risiko für bestimmte Krankheiten erhöhen oder die Reaktion auf bestimmte Medikamente beeinflussen. Diese Informationen sind besonders wichtig bei der Behandlung von Krebserkrankungen, wo gezielte Therapien entwickelt werden können, die direkt auf die genetischen Profile von Tumoren abzielen. Ein Beispiel hierfür ist die Verwendung von zielgerichteten Therapien wie HER2-Inhibitoren bei Brustkrebspatientinnen mit einer Überexpression des HER2-Gens.

Darüber hinaus spielt maschinelles Lernen eine wesentliche Rolle bei der Analyse klinischer Daten. Algorithmen können Muster in den Daten erkennen, die für eine präzisere Risikobewertung und Prognose entscheidend sind. So können beispielsweise KI-gestützte Systeme Vorhersagen über den Krankheitsverlauf treffen und Ärzten helfen, frühzeitig geeignete Interventionen einzuleiten. Dies führt nicht nur zu besseren Ergebnissen für den Patienten, sondern kann auch dazu beitragen, Kosten im Gesundheitswesen zu senken.

Ein weiterer wichtiger Aspekt ist die Integration verschiedener Datenquellen. Die Kombination von elektronischen Gesundheitsakten (EHR), Labordaten und sogar Lifestyle-Daten aus tragbaren Geräten ermöglicht eine umfassendere Sicht auf den Patienten. Diese holistische Betrachtung fördert ein besseres Verständnis der individuellen Bedürfnisse und unterstützt Ärzte dabei, fundierte Entscheidungen zu treffen.

Trotz dieser Fortschritte gibt es Herausforderungen wie Datenschutzbedenken und ethische Fragestellungen bezüglich der Nutzung sensibler Patientendaten. Es ist unerlässlich, dass diese Aspekte adressiert werden, um das Vertrauen in personalisierte medizinische Ansätze zu stärken und deren breite Akzeptanz in der Gesellschaft sicherzustellen.

15.3 Herausforderungen bei ethischen Fragen im Gesundheitswesen

Die Integration von Künstlicher Intelligenz (KI) in das Gesundheitswesen bringt zahlreiche Vorteile mit sich, jedoch sind die damit verbundenen ethischen Herausforderungen nicht zu unterschätzen. Diese Herausforderungen betreffen sowohl die Patienten als auch die medizinischen Fachkräfte und erfordern eine sorgfältige Abwägung zwischen technologischen Fortschritten und den grundlegenden Prinzipien der medizinischen Ethik.

Ein zentrales ethisches Problem ist der Datenschutz. Die Verarbeitung großer Mengen sensibler Patientendaten durch KI-Systeme wirft Fragen zur Vertraulichkeit und Sicherheit auf. Patienten müssen darauf vertrauen können, dass ihre Daten geschützt sind und nicht missbraucht werden. Dies erfordert strenge Richtlinien und transparente Verfahren zur Datennutzung, um das Vertrauen der Öffentlichkeit in diese Technologien zu stärken.

Ein weiteres bedeutendes Thema ist die Frage der Verantwortung. Wenn KI-gestützte Systeme Entscheidungen treffen oder Empfehlungen aussprechen, stellt sich die Frage, wer im Falle eines Fehlers haftet – der Entwickler des Algorithmus, das Krankenhaus oder der behandelnde Arzt? Diese Unklarheit kann dazu führen, dass medizinische Fachkräfte zögern, KI-Technologien einzusetzen, was den potenziellen Nutzen dieser Innovationen einschränkt.

Zudem gibt es Bedenken hinsichtlich der Fairness und Diskriminierung. Algorithmen können unbeabsichtigt Vorurteile reproduzieren oder verstärken, insbesondere wenn sie auf historischen Daten trainiert werden, die bereits Ungleichheiten widerspiegeln. Dies könnte dazu führen, dass bestimmte Patientengruppen benachteiligt werden oder unzureichende Behandlungsoptionen erhalten. Daher ist es entscheidend, dass Entwickler von KI-Systemen Diversität in den Trainingsdaten berücksichtigen und Mechanismen implementieren, um Diskriminierung zu vermeiden.

Schließlich spielt auch die informierte Zustimmung eine wesentliche Rolle im Kontext ethischer Fragestellungen. Patienten sollten umfassend über den Einsatz von KI in ihrer Behandlung informiert werden und verstehen, wie ihre Daten verwendet werden. Eine klare Kommunikation ist notwendig, um sicherzustellen, dass Patienten fundierte Entscheidungen treffen können.

Insgesamt erfordert die Implementierung von KI im Gesundheitswesen ein ausgewogenes Verhältnis zwischen technologischem Fortschritt und ethischer Verantwortung. Nur durch einen verantwortungsbewussten Umgang mit diesen Herausforderungen kann das volle Potenzial von Gesundheitstechnologien ausgeschöpft werden.

16.1 AI-Anwendungen zur Bekämpfung des Klimawandels

Künstliche Intelligenz (KI) spielt eine entscheidende Rolle im Kampf gegen den Klimawandel, indem sie innovative Lösungen bietet, um Emissionen zu reduzieren und nachhaltige Praktiken zu fördern. Die Integration von KI in verschiedene Sektoren ermöglicht es Unternehmen und Regierungen, datengestützte Entscheidungen zu treffen, die sowohl ökologisch als auch ökonomisch vorteilhaft sind.

Ein bemerkenswerter Anwendungsbereich ist die **Prävention von Energieverschwendung**. Durch intelligente Algorithmen können Gebäude optimiert werden, um den Energieverbrauch zu minimieren. Systeme wie Smart Grids nutzen KI, um den Energiefluss effizienter zu steuern und Lastspitzen vorherzusagen. Dies führt nicht nur zu einer Reduzierung der CO_2-Emissionen, sondern auch zu Kosteneinsparungen für Verbraucher und Unternehmen.

Ein weiterer wichtiger Aspekt ist die **Überwachung von Umweltdaten**. KI-gestützte Sensoren und Satellitenbilder ermöglichen eine präzise Analyse von Klima- und Wetterdaten. Diese Technologien helfen dabei, Veränderungen in der Umwelt frühzeitig zu erkennen und entsprechende Maßnahmen einzuleiten. Beispielsweise können Landwirte durch prädiktive Analysen besser planen, wann sie ihre Felder bewässern oder düngen sollten, was den Wasserverbrauch erheblich senken kann.

Zudem wird KI in der **Nachhaltigkeitsforschung** eingesetzt, um neue Materialien und Technologien zu entwickeln. Forscher nutzen maschinelles Lernen, um chemische Reaktionen vorherzusagen und nachhaltigere Alternativen für fossile Brennstoffe zu finden. Solche Innovationen könnten langfristig dazu beitragen, die Abhängigkeit von nicht erneuerbaren Ressourcen drastisch zu verringern.

Schließlich spielt KI auch eine zentrale Rolle bei der **Öffentlichkeitsarbeit**. Durch gezielte Kampagnen können Informationen über klimafreundliches Verhalten verbreitet werden. Soziale Medienplattformen nutzen Algorithmen, um Inhalte an Nutzer auszuspielen, die sich für Umweltthemen interessieren. Dies fördert das Bewusstsein für den Klimawandel und motiviert Einzelpersonen sowie Gemeinschaften zur aktiven Teilnahme an Nachhaltigkeitsinitiativen.

Insgesamt zeigt sich, dass Künstliche Intelligenz ein unverzichtbares Werkzeug im Kampf gegen den Klimawandel darstellt. Ihre Anwendungen sind vielfältig und bieten vielversprechende Ansätze zur Schaffung einer nachhaltigeren Zukunft.

16.2 Bewertung ökologischer Fußabdrücke mittels Datenanalyse

Die Bewertung ökologischer Fußabdrücke ist ein entscheidender Schritt zur Förderung nachhaltiger Praktiken in Unternehmen und Gesellschaften. Durch die Anwendung von Datenanalyse-Techniken können Organisationen ihren Einfluss auf die Umwelt quantifizieren und gezielte Maßnahmen zur Reduzierung ihrer Emissionen ergreifen. Diese Analyse ermöglicht es, nicht nur den aktuellen Zustand zu erfassen, sondern auch zukünftige Entwicklungen vorherzusagen und strategische Entscheidungen zu treffen.

Ein zentraler Aspekt der Datenanalyse ist die Erfassung und Auswertung großer Datenmengen aus verschiedenen Quellen. Sensoren, IoT-Geräte (Internet of Things) und Satellitendaten liefern wertvolle Informationen über Energieverbrauch, Wasserverbrauch und Abfallproduktion. Mithilfe von KI-gestützten Algorithmen können diese Daten in Echtzeit analysiert werden, um Muster zu erkennen und Anomalien aufzudecken. Beispielsweise kann ein Unternehmen durch die Analyse seines Energieverbrauchs feststellen, dass bestimmte Maschinen ineffizient arbeiten oder dass es Spitzen im Verbrauch gibt, die vermieden werden könnten.

Darüber hinaus spielt maschinelles Lernen eine wichtige Rolle bei der Vorhersage des ökologischen Fußabdrucks. Durch historische Daten können Modelle entwickelt werden, die zukünftige Emissionen basierend auf verschiedenen Szenarien simulieren. Dies ermöglicht es Unternehmen, proaktive Maßnahmen zu ergreifen, bevor Probleme auftreten. Ein Beispiel hierfür ist die Optimierung von Lieferketten: Durch datenbasierte Analysen können Unternehmen umweltfreundlichere Transportwege wählen oder alternative Materialien verwenden, was den gesamten CO_2-Ausstoß erheblich reduzieren kann.

Ein weiterer Vorteil der datenbasierten Bewertung ist die Möglichkeit zur Transparenzsteigerung gegenüber Stakeholdern. Verbraucher legen zunehmend Wert auf Nachhaltigkeit; daher kann eine klare Kommunikation über den eigenen ökologischen Fußabdruck das Vertrauen stärken und das Markenimage verbessern. Unternehmen können durch Berichterstattung über ihre Fortschritte in der Reduzierung des ökologischen Fußabdrucks nicht nur regulatorische Anforderungen erfüllen, sondern auch als Vorreiter in ihrer Branche auftreten.

Insgesamt zeigt sich, dass die Bewertung ökologischer Fußabdrücke mittels Datenanalyse nicht nur für das Umweltmanagement unerlässlich ist, sondern auch einen Wettbewerbsvorteil für Unternehmen darstellt, die sich aktiv für Nachhaltigkeit einsetzen.

16.3 Fallstudien zu nachhaltigen Projekten mit AI

Die Integration von Künstlicher Intelligenz (KI) in nachhaltige Projekte hat das Potenzial, signifikante Fortschritte im Umweltmanagement zu erzielen. Durch die Analyse großer Datenmengen und die Automatisierung von Prozessen können Unternehmen nicht nur ihre Effizienz steigern, sondern auch ihren ökologischen Fußabdruck erheblich reduzieren. In diesem Abschnitt werden einige bemerkenswerte Fallstudien vorgestellt, die den erfolgreichen Einsatz von KI zur Förderung der Nachhaltigkeit demonstrieren.

Ein herausragendes Beispiel ist das Projekt „Smart Water Management" in Singapur. Hierbei wird KI eingesetzt, um den Wasserverbrauch in Echtzeit zu überwachen und Leckagen im Rohrleitungssystem frühzeitig zu erkennen. Durch den Einsatz von Sensoren und maschinellem Lernen konnte die Stadtverwaltung den Wasserverlust um bis zu 20 % reduzieren. Dies führt nicht nur zu Kosteneinsparungen, sondern trägt auch zur Erhaltung einer wertvollen Ressource bei.

Ein weiteres bemerkenswertes Projekt ist die Anwendung von KI in der Landwirtschaft durch das Unternehmen „Precision Agriculture". Hierbei werden Drohnen und Satellitendaten genutzt, um Felder präzise zu analysieren und den Einsatz von Düngemitteln sowie Pestiziden zu optimieren. Die KI-gestützte Analyse ermöglicht es Landwirten, genauere Entscheidungen über Bewässerung und Nährstoffbedarf zu treffen, was sowohl die Erträge steigert als auch den chemischen Einsatz minimiert. Diese Methode hat nicht nur ökologische Vorteile, sondern verbessert auch die wirtschaftliche Rentabilität der Betriebe.

Zusätzlich zeigt das Unternehmen „EcoStruxure" von Schneider Electric, wie KI zur Optimierung des Energieverbrauchs in Gebäuden eingesetzt wird. Durch intelligente Algorithmen wird der Energiebedarf vorhergesagt und angepasst, wodurch der Gesamtenergieverbrauch um bis zu 30 % gesenkt werden kann. Diese Technologie fördert nicht nur eine effizientere Nutzung von Ressourcen, sondern unterstützt auch Unternehmen dabei, ihre CO_2-Emissionen signifikant zu reduzieren.

Insgesamt verdeutlichen diese Fallstudien das immense Potenzial von KI zur Unterstützung nachhaltiger Praktiken in verschiedenen Sektoren. Die Kombination aus innovativer Technologie und einem klaren Fokus auf Umweltschutz bietet einen vielversprechenden Weg für zukünftige Entwicklungen im Bereich des Umweltmanagements.

17.1 Einfluss kultureller Unterschiede auf die Entwicklung

Die Entwicklung von Künstlicher Intelligenz (KI) ist nicht nur eine technische Herausforderung, sondern auch ein kulturelles Phänomen. Kulturelle Unterschiede beeinflussen maßgeblich, wie KI-Technologien konzipiert, implementiert und wahrgenommen werden. Diese Einflüsse sind entscheidend für die Gestaltung von Algorithmen und deren Anwendung in verschiedenen Gesellschaften.

Ein zentrales Element ist die unterschiedliche Auffassung von Ethik und Verantwortung in verschiedenen Kulturen. In westlichen Ländern wird oft ein individualistischer Ansatz verfolgt, der den Fokus auf persönliche Freiheit und Datenschutz legt. Im Gegensatz dazu betonen viele asiatische Kulturen kollektive Werte und das Gemeinwohl, was zu einer anderen Herangehensweise an Datenverwendung und -schutz führt. Diese unterschiedlichen Perspektiven können sich direkt auf die Art auswirken, wie KI-Systeme entwickelt werden – beispielsweise in Bezug auf Transparenz oder Entscheidungsfindung.

Ein weiteres Beispiel ist der Umgang mit Vorurteilen in Datensätzen. In Kulturen mit stark ausgeprägten sozialen Hierarchien kann es vorkommen, dass bestimmte Gruppen systematisch benachteiligt werden. Dies hat zur Folge, dass KI-Modelle unbewusste Vorurteile reproduzieren oder verstärken können. Daher ist es wichtig, dass Entwickler aus verschiedenen kulturellen Hintergründen zusammenarbeiten, um sicherzustellen, dass KI-Lösungen fair und inklusiv sind.

Zudem spielt die Sprache eine entscheidende Rolle bei der Entwicklung von KI-Anwendungen. Sprachliche Nuancen und kulturelle Kontexte müssen berücksichtigt werden, um effektive Kommunikationssysteme zu schaffen. Beispielsweise kann ein KI-gestützter virtueller Assistent in einer Kultur als hilfreich angesehen werden, während er in einer anderen möglicherweise als störend empfunden wird.

Zusammenfassend lässt sich sagen, dass kulturelle Unterschiede einen tiefgreifenden Einfluss auf die Entwicklung von Künstlicher Intelligenz haben. Um innovative und gerechte Lösungen zu schaffen, müssen diese Unterschiede anerkannt und aktiv in den Entwicklungsprozess integriert werden.

17.2 Kooperationen zwischen Ländern im Bereich AI

Die Zusammenarbeit zwischen Ländern im Bereich der Künstlichen Intelligenz (KI) ist von entscheidender Bedeutung, um die globalen Herausforderungen zu bewältigen und die Vorteile dieser Technologie gerecht zu verteilen. In einer zunehmend vernetzten Welt sind nationale Grenzen oft nicht mehr ausreichend, um die Komplexität der KI-Entwicklung und -Anwendung zu erfassen. Kooperationen ermöglichen den Austausch von Wissen, Ressourcen und Best Practices, was zu innovativeren Lösungen führt.

Ein Beispiel für erfolgreiche internationale Kooperationen ist das **Global Partnership on Artificial Intelligence (GPAI)**, das 2020 ins Leben gerufen wurde. Diese Initiative vereint Länder wie Kanada, Frankreich, Deutschland und Japan mit dem Ziel, ethische Standards für KI zu entwickeln und deren verantwortungsvolle Nutzung zu fördern. Durch den Austausch von Forschungsergebnissen und politischen Strategien können Mitgliedsländer voneinander lernen und gemeinsame Herausforderungen angehen.

Darüber hinaus spielen bilaterale Abkommen eine wichtige Rolle in der internationalen Zusammenarbeit. Länder wie die USA und Indien haben Partnerschaften geschlossen, um gemeinsam an KI-Projekten zu arbeiten, insbesondere in Bereichen wie Gesundheitswesen und Landwirtschaft. Solche Initiativen fördern nicht nur technologische Innovationen, sondern stärken auch die wirtschaftlichen Beziehungen zwischen den Nationen.

Ein weiterer Aspekt ist die Notwendigkeit eines gemeinsamen rechtlichen Rahmens für KI-Technologien. Unterschiedliche nationale Gesetze können dazu führen, dass Unternehmen Schwierigkeiten haben, ihre Produkte international anzubieten. Eine enge Zusammenarbeit bei der Entwicklung harmonisierter Vorschriften könnte diesen Herausforderungen begegnen und gleichzeitig sicherstellen, dass ethische Standards eingehalten werden.

Zusammenfassend lässt sich sagen, dass internationale Kooperationen im Bereich der Künstlichen Intelligenz unerlässlich sind für eine nachhaltige Entwicklung dieser Technologie. Sie bieten nicht nur Möglichkeiten zur Wissensverbreitung und Innovationsförderung, sondern tragen auch dazu bei, globale Probleme wie Klimawandel oder soziale Ungleichheit anzugehen. Um das volle Potenzial von KI auszuschöpfen, müssen Länder weiterhin zusammenarbeiten und ihre Anstrengungen bündeln.

17.3 Herausforderungen globaler Regulierung

Die Regulierung von Künstlicher Intelligenz (KI) auf globaler Ebene stellt eine der größten Herausforderungen dar, die sich aus der rasanten Entwicklung dieser Technologie ergeben. Während KI das Potenzial hat, zahlreiche Lebensbereiche zu transformieren, bringt sie auch erhebliche Risiken mit sich, die einheitliche und effektive Regelungen erfordern. Die Vielfalt an nationalen Interessen, rechtlichen Rahmenbedingungen und kulturellen Perspektiven erschwert jedoch die Schaffung eines kohärenten globalen Regulierungsansatzes.

Ein zentrales Problem ist die Uneinheitlichkeit der bestehenden Gesetze und Vorschriften in verschiedenen Ländern. Während einige Nationen bereits umfassende Richtlinien für den Einsatz von KI entwickelt haben, stehen andere erst am Anfang ihrer regulatorischen Bemühungen. Diese Diskrepanz kann dazu führen, dass Unternehmen Schwierigkeiten haben, ihre Produkte international anzubieten oder zu skalieren. Ein Beispiel hierfür ist die Datenschutz-Grundverordnung (DSGVO) der Europäischen Union, die strenge Anforderungen an den Umgang mit personenbezogenen Daten stellt und somit einen Wettbewerbsvorteil für europäische Unternehmen schaffen könnte.

Zusätzlich gibt es ethische Bedenken hinsichtlich des Einsatzes von KI-Technologien in sensiblen Bereichen wie Überwachung oder automatisierte Entscheidungsfindung. Unterschiedliche gesellschaftliche Werte und Normen führen dazu, dass Länder unterschiedliche Ansätze zur Regulierung dieser Technologien verfolgen. Dies kann nicht nur zu Spannungen zwischen Staaten führen, sondern auch das Vertrauen der Öffentlichkeit in KI untergraben.

Ein weiterer Aspekt ist die technologische Komplexität selbst: Die schnelle Entwicklung von KI-Systemen übersteigt oft die Fähigkeit der Regulierungsbehörden, angemessene Vorschriften zu formulieren. Um diesem dynamischen Umfeld gerecht zu werden, müssen Regierungen agiler werden und kontinuierlich anpassbare Regelwerke entwickeln. Hierbei könnten internationale Organisationen wie die Vereinten Nationen oder die OECD eine Schlüsselrolle spielen, indem sie Plattformen für den Austausch bewährter Praktiken schaffen.

Insgesamt erfordert die globale Regulierung von Künstlicher Intelligenz eine enge Zusammenarbeit zwischen Ländern sowie zwischen öffentlichen und privaten Akteuren. Nur durch gemeinsame Anstrengungen können wir sicherstellen, dass KI verantwortungsvoll eingesetzt wird und gleichzeitig Innovation gefördert wird.

18.1 Zusammenfassung zentraler Erkenntnisse

Die vorliegende Analyse der Künstlichen Intelligenz (KI) hat gezeigt, dass diese Technologie nicht nur ein Werkzeug, sondern ein entscheidender Faktor für die Transformation vieler Branchen ist. Die zentrale Erkenntnis ist, dass KI in der Lage ist, Prozesse zu optimieren und innovative Lösungen zu schaffen, die zuvor unvorstellbar waren. Unternehmen nutzen KI zunehmend zur Automatisierung von Routineaufgaben, was nicht nur die Effizienz steigert, sondern auch Ressourcen freisetzt, die für strategische Entscheidungen verwendet werden können.

Ein weiterer wichtiger Punkt ist die Rolle von Daten in der Entwicklung von KI-Systemen. Die Verfügbarkeit großer Datenmengen ermöglicht es Algorithmen, Muster zu erkennen und Vorhersagen zu treffen. Dies hat weitreichende Implikationen für Bereiche wie das Gesundheitswesen, wo KI zur Diagnose von Krankheiten eingesetzt wird oder in der Finanzbranche zur Betrugserkennung beiträgt. Die Fähigkeit von KI, aus Erfahrungen zu lernen und sich kontinuierlich zu verbessern, stellt einen Paradigmenwechsel dar.

Darüber hinaus wurde deutlich, dass ethische Überlegungen bei der Implementierung von KI-Technologien eine immer größere Rolle spielen müssen. Fragen des Datenschutzes und der Fairness sind entscheidend für das Vertrauen der Nutzer in diese Systeme. Unternehmen sind gefordert, transparente Richtlinien zu entwickeln und sicherzustellen, dass ihre KI-Anwendungen verantwortungsvoll eingesetzt werden.

Schließlich zeigt die Untersuchung auch aufkommende Trends wie den Einsatz von KI in kreativen Prozessen – sei es in der Kunst oder im Marketing. Diese Entwicklungen eröffnen neue Möglichkeiten für kreative Berufe und stellen gleichzeitig traditionelle Konzepte von Kreativität infrage.

Zusammenfassend lässt sich sagen, dass Künstliche Intelligenz nicht nur technologische Fortschritte mit sich bringt, sondern auch tiefgreifende gesellschaftliche Veränderungen anstößt. Die Herausforderungen sind vielfältig und erfordern eine interdisziplinäre Herangehensweise sowie eine enge Zusammenarbeit zwischen Technikern, Ethikern und Entscheidungsträgern. Der Ausblick auf die Zukunft zeigt sowohl Chancen als auch Risiken auf – es liegt an uns allen, diese Technologien verantwortungsvoll zu gestalten.

18.2 Visionen für eine Welt mit fortschrittlicher AI

Die Vision einer Welt mit fortschrittlicher Künstlicher Intelligenz (KI) ist nicht nur ein technisches Konzept, sondern auch eine gesellschaftliche Herausforderung, die weitreichende Implikationen für unser tägliches Leben hat. In dieser Zukunft könnten KI-Systeme in der Lage sein, komplexe Probleme zu lösen, die heute noch als unlösbar gelten. Dies könnte beispielsweise durch den Einsatz von KI in der Klimaforschung geschehen, wo Algorithmen helfen könnten, präzisere Modelle zur Vorhersage von Wetterphänomenen und deren Auswirkungen auf Ökosysteme zu entwickeln.

Ein weiterer Aspekt dieser Vision ist die Integration von KI in das Bildungswesen. Durch personalisierte Lernansätze könnten Schüler und Studenten individuell gefördert werden, was zu besseren Lernergebnissen führt. KI-gestützte Tutorensysteme könnten dabei helfen, Lerninhalte an die Bedürfnisse jedes Einzelnen anzupassen und somit Chancengleichheit im Bildungssystem zu fördern.

Im Gesundheitswesen könnte eine fortschrittliche KI dazu beitragen, Diagnosen schneller und genauer zu stellen. Die Analyse großer Datenmengen aus medizinischen Studien sowie Patientendaten könnte es ermöglichen, maßgeschneiderte Behandlungspläne zu entwickeln. Zudem könnten KI-Systeme in der Forschung neue Medikamente identifizieren oder sogar neue Therapieansätze vorschlagen.

Allerdings bringt diese Vision auch Herausforderungen mit sich. Die ethischen Fragestellungen rund um Datenschutz und algorithmische Fairness müssen dringend adressiert werden. Es ist entscheidend, dass wir Richtlinien entwickeln, die sicherstellen, dass KI-Technologien verantwortungsvoll eingesetzt werden und nicht zur Diskriminierung oder Ungerechtigkeit führen.

Zusammenfassend lässt sich sagen, dass die Zukunft mit fortschrittlicher AI sowohl Chancen als auch Risiken birgt. Um diese Technologien zum Wohle der Gesellschaft einzusetzen, bedarf es einer interdisziplinären Zusammenarbeit zwischen Technikern, Ethikern und politischen Entscheidungsträgern. Nur so können wir sicherstellen, dass Künstliche Intelligenz nicht nur als Werkzeug dient, sondern als Partner in der Gestaltung einer besseren Zukunft fungiert.

18.3 Aufruf zum Handeln für Leser

In einer Zeit, in der Künstliche Intelligenz (KI) zunehmend in alle Lebensbereiche integriert wird, ist es entscheidend, dass die Leser nicht nur passive Konsumenten von Informationen sind, sondern aktiv an der Gestaltung dieser Zukunft mitwirken. Der Aufruf zum Handeln richtet sich an jeden Einzelnen, um Verantwortung zu übernehmen und sich aktiv mit den Herausforderungen und Chancen auseinanderzusetzen, die KI mit sich bringt.

Ein erster Schritt besteht darin, sich über die Grundlagen der KI zu informieren. Wissen ist Macht; je mehr wir über die Funktionsweise von KI-Systemen verstehen, desto besser können wir deren Auswirkungen auf unsere Gesellschaft einschätzen. Dies kann durch das Lesen von Fachliteratur, das Besuchen von Online-Kursen oder das Teilnehmen an Workshops geschehen. Bildung sollte als ein kontinuierlicher Prozess betrachtet werden, der uns befähigt, informierte Entscheidungen zu treffen.

Darüber hinaus sollten Leser ihre Stimme erheben und in ihren Gemeinschaften für eine verantwortungsvolle Nutzung von KI eintreten. Dies kann durch die Teilnahme an öffentlichen Diskussionen oder Foren geschehen, wo Themen wie Datenschutz und algorithmische Fairness behandelt werden. Indem wir uns aktiv in diese Gespräche einbringen, können wir sicherstellen, dass ethische Überlegungen bei der Entwicklung neuer Technologien im Vordergrund stehen.

- Beteiligen Sie sich an lokalen Initiativen zur Förderung digitaler Bildung.
- Unterstützen Sie Organisationen, die sich für Transparenz und Fairness im Bereich KI einsetzen.
- Teilen Sie Ihr Wissen über KI mit anderen und fördern Sie einen offenen Dialog darüber.

Schließlich ist es wichtig zu erkennen, dass jeder Einzelne einen Unterschied machen kann. Ob durch kleine alltägliche Entscheidungen oder durch größere Engagements – jede Handlung zählt. Lassen Sie uns gemeinsam eine Zukunft gestalten, in der Künstliche Intelligenz nicht nur als Werkzeug dient, sondern als Partner in einer gerechten und nachhaltigen Gesellschaft fungiert.

Referenzen:

- Russell, S., & Norvig, P. (2016). Künstliche Intelligenz: Ein moderner Ansatz.
- Goodfellow, I., Bengio, Y., & Courville, A. (2016). Deep Learning. MIT Press.
- Bostrom, N. (2014). Superintelligenz: Szenarien einer kommenden Revolution.
- O'Neil, C. (2016). Weapons of Math Destruction: Wie Big Data unsere Gesellschaft gefährdet.
- Schmidt, E., & Cohen, J. (2013). The New Digital Age: Reshaping the Future of People, Nations and Business.
- European Commission. (2020). White Paper on Artificial Intelligence: A European approach to excellence and trust.

- Dignum, V. (2019). Responsible Artificial Intelligence: Designing AI for Human Values. Springer.

- Jobin, A., Ienca, M., & Andorno, R. (2019). The Global Landscape of AI Ethics Guidelines. Nature Machine Intelligence.

- Müller, T. (2021). Künstliche Intelligenz im E-Commerce: Chancen und Herausforderungen. Berlin: Springer.

- Klein, J. T. (2018). Interdisziplinarität: Theorie und Praxis. VS Verlag für Sozialwissenschaften.

- Brynjolfsson, E., & McAfee, A. (2014). The Second Machine Age: Work, Progress, and Prosperity in a Time of Brilliant Technologies.

- Siemens AG. (2021). Intelligente Fertigungssysteme und ihre Vorteile.

- Müller, C. (2022). Neue Berufsfelder durch KI: Chancen und Herausforderungen. Fachzeitschrift für Technologie.

- Klein, F. (2022). Fairness in Algorithmen: Eine kritische Analyse. O'Reilly.

- UNESCO. (2021). Recommendation on the Ethics of Artificial Intelligence.

Das Buch "Anwendung von KI heute und in naher Zukunft mit praktischen Beispielen und Tipps" bietet eine umfassende Einführung in die Welt der Künstlichen Intelligenz (KI) und deren Integration in unseren Alltag. Es richtet sich an Fachleute, Studierende und Interessierte, die ein tieferes Verständnis für die Möglichkeiten und Herausforderungen der KI gewinnen möchten. Die Bedeutung von KI wird durch aktuelle Trends und Statistiken untermauert, die die rasante Entwicklung dieser Technologien verdeutlichen.

Die Hauptthemen des Buches umfassen zunächst die Grundlagen der Künstlichen Intelligenz, gefolgt von einer Analyse ihrer aktuellen Anwendungen in verschiedenen Branchen. Anhand anschaulicher Fallstudien wird demonstriert, wie Unternehmen KI erfolgreich implementieren, um Effizienz zu steigern und innovative Lösungen zu entwickeln. Praktische Tipps und Strategien helfen den Lesern dabei, KI in ihren eigenen Projekten zu integrieren.

Ein weiterer zentraler Punkt ist der Ausblick auf die Zukunft der KI, wobei sowohl Chancen als auch Herausforderungen thematisiert werden. Ethische Überlegungen zur Entwicklung und Anwendung von KI sowie deren gesellschaftliche Auswirkungen werden ebenfalls behandelt. Expertenmeinungen und Prognosen bieten tiefere Einblicke in bevorstehende Entwicklungen und regen zum Nachdenken über langfristige Implikationen an. Insgesamt lädt das Buch dazu ein, sich aktiv mit den vielfältigen Möglichkeiten der Künstlichen Intelligenz auseinanderzusetzen.

© 2025 Alexander Armin
Verlag: BoD · Books on Demand GmbH, In de Tarpen 42, 22848 Norderstedt,
bod@bod.de
Druck: Libri Plureos GmbH, Friedensallee 273, 22763 Hamburg
ISBN: 978-3-7693-0314-8